DEAMBULANTES DE IGLESIAS

Por:
Eliud Jurado Roque

Este libro tiene todos los derechos reservados. De acuerdo con la legislación vigente y bajo las sanciones en ella previstas, queda totalmente prohibida la reproducción y/o transmisión parcial o total de este libro por procedimientos mecánicos o electrónicos, incluyendo fotocopia, grabación magnética, óptica o cualesquiera otros procedimientos que la tecnología permita o pueda permitir en el futuro, sin la expresa autorización por escrito del autor o de la editorial.

©2024 Eliud Jurado Roque
©2024 Con Pluma Papel LLC

ISBN: 978-1-956753-31-8

EDITORA EN JEFE: Ima I. Ríos Arroyo
EDICIÓN: Con Pluma Papel LLC
servicios@conplumapapel.com
conplumapapel.com

SELLO EDITORIAL: Pluma Con Tinta

PRIMERA EDICIÓN: abril 2024
San Juan, Puerto Rico

DEDICATORIA

Al buen Dios «q*ue me fortaleció, a Cristo Jesús, nuestro Señor, porque me tuvo por fiel, poniéndome en el ministerio*» (1 Timoteo 1:12). Solo Su gracia me ha permitido ir adelante en esta carrera pastoral que demanda paciencia y persistencia. Solo Él me dotó del entusiasmo y las fuerzas para llegar hasta aquí.

A Nilsa, la hermosa mujer a la que tengo el privilegio de llamar esposa y quien, por 47 años, me ha acompañado, fielmente, en el ministerio. Ha sido una bendición laborar juntos, en armonía de vida y propósito. Ella me animó a escribir cuando deseé aplazarlo; incluso, sobornándome con un cafecito cuando más lo necesitaba. ¡Cuánto le agradezco, además, que fuera la correctora de todo lo que escribí!

A nuestros cuatro hijos: Iván Eliud, Lisa Mariel, Ricardo Luis e Iván Paul, hermosos y valiosos regalos del cielo.

AGRADECIMIENTOS

A mis amigos.

Félix Sanes: Siempre atento al desarrollo de mi manuscrito, me hizo importantes recomendaciones después de leerlo. Gracias, mi amigo y hermano. Tu amistad y la de tu esposa Carmencita son un tesoro que aprecio.

Santos Rodríguez Sellas: Pastor amado, tomé notas de uno de tus muchos escritos y, con tu permiso, los inserté en este libro. Gracias por tu amistad y por tus sabias palabras.

Eddie Delgado Santana: Tus comentarios sobre Agar, la joven que Abraham echó del hogar, haciéndola deambular con su hijo por el desierto, me fueron útiles, al punto de incluirlos en mi escrito. Disfruto tu amistad y es un privilegio llamarte mi amigo.

Abinadad Negrón: Mi querido amigo pastor, quien pidió y obtuvo de su padre, el reverendo Sandalio Negrón, la bendición del hijo primogénito, aunque no lo era. Gracias por tu presencia y tus sabias recomendaciones al leer el borrador de este texto.

Gracias.

INTRODUCCIÓN

He dedicado 50 años de mi vida al ministerio pastoral. Muchos me preguntan cómo lo he logrado, y es comprensible el cuestionamiento, pues es un hecho real que cientos de pastores renuncian al ministerio anualmente, no solo en Puerto Rico, sino a nivel mundial. Usualmente, respondo que la pastoral brinda grandes satisfacciones; especialmente, cuando se presencia el efecto transformador del glorioso Evangelio de Cristo en las personas; pero admito que, en este caminar, también abundan las desilusiones.

El tema de este libro surge de la inquietud ante una práctica cada vez más común en el ambiente cristiano y sobre la cual, dicho sea de paso, no hay abundancia de fuentes de referencia. Es inevitable que a cada pastor le toque vivir alguna experiencia con gente que se desplaza de una congregación a otra, intentando, ya sea cubrir alguna necesidad específica o en busca de algún ideal que parecen no encontrar. Mi intención con este escrito es que, de alguna manera, sirva de apoyo al pastor en la tarea de ayudar a quienes se inclinan a salir de su iglesia local sin una razón de peso o tengan el hábito de saltar de un lugar a otro. Espero, igualmente, contribuir —en cierta medida— a la edificación del Cuerpo de Cristo, ayudando a los creyentes a identificar y refutar falsos argumentos que podrían estarles impulsando a salir de su comunidad de fe.

Mi oración es, también, que si —al momento de leer esto— algún ministro del Señor se encuentra cansado o desalentado, hasta preguntarse si vale la pena seguir adelante, lo que aquí se consigna le recuerde que Dios continúa trabajando de una manera real y significativa para lograr Su propósito eterno en su vida y ministerio.

PRÓLOGO

Una de las realidades de la Iglesia evangélica actual —al punto de ser motivo de inquietud en la pastoral— es la cantidad de cristianos que van de iglesia en iglesia. Esta costumbre o práctica se conoce en inglés como «*church hopping*», un término parecido —pero diferente— a «*church shopping*», expresión que definiremos en algún punto de este libro. Si bien es cierto que un segmento de esta población se desplaza de congregación en congregación, es aún más dramático el hecho de que otros, particularmente jóvenes, simplemente, se alejan permanentemente, dejando atrás su fe. Es inquietante saber que dos de cada tres adolescentes de congregaciones evangélicas abandonan su iglesia poco después de alcanzar la mayoría de edad, mientras que el 90 % de los jóvenes católicos mantiene sus creencias al llegar a la adultez, según reveló una encuesta realizada por *LifeWay Research*, una firma evangélica de Nashville dedicada a estudiar la relación entre la Iglesia y la cultura.

El estudio contó con más de 2,000 participantes de distintos orígenes étnicos, género, nivel educativo y lugar de residencia. Según Scott McConnell, director ejecutivo de la empresa encuestadora, «la realidad es que las iglesias evangélicas ven las nuevas generaciones alejarse de la Iglesia al llegar a ser adultos jóvenes». Las investigaciones indican que este alejamiento de la juventud es constante y progresivo: a los 17 años, el 69 % de los adolescentes protestantes asiste a la Iglesia; a los 18, el 58 %; a los 19, el 40 %; a los 20, menos del 33 %. El 70 % de los jóvenes adultos encuestados afirmó que el alejarse de la Iglesia no fue una decisión específica, sino que, simplemente, reemplazaron «ciertas actividades con otras». Un porcentaje similar afirma que no tiene planes inmediatos de regresar a los servicios religiosos semanales. La encuesta, además, arrojó que solo el 10 % de aquellos jóvenes adultos que abandonaron la Iglesia católica se identifican como católicos. Se indicó que nueve de cada diez adolescentes de esa expresión de fe mantienen su vínculo con la Iglesia tras dejar la adolescencia. «Los jóvenes eligen mantener muchas de sus creencias, pero con una dosis menor de Iglesia», aseveró McConnell. Sin embargo, los jóvenes que abandonan la Iglesia ya no regresan.

Otra investigación hecha en Estados Unidos reveló que el 31 % de la población adulta de Estados Unidos (65 millones, aproximadamente), a pesar de haber asistido alguna vez de manera regular a una iglesia, termina abandonándola o ubicándose en otra congregación. Este número es casi igual al de las personas que permanecen en la Iglesia local. Se encontró también que más del 10 % de los adultos que asisten a la Iglesia han pensado o están considerando irse. Según Amanda Phifer, escritora de noticias de la Convención Bautista del Sur, cada año, uno de cada siete adultos cambia de iglesia. Generalmente, cuando una persona decide esto, lo hace porque se siente incómoda o disgustada con algo en particular. Sin embargo, en muchos casos, el porqué de tal incomodidad o malestar es una incógnita. Cabe preguntarse si la persona se siente bien en su iglesia, ¿por qué busca otra? A menudo, sucede lo que indica el proverbio popular que dice que el problema no está en la sábana, sino en el paciente. En cualquier caso, se impone que tanto el feligrés como el pastor evalúen los motivos que llevan a tomar dicha decisión. El pastor debe conocer por qué el feligrés ha querido irse y el feligrés debe analizar con detenimiento la razón de su salida.

Asimismo, hay creyentes que saltan de iglesia en iglesia sin afirmarse en ninguna. ¿Por qué se mueven o dejan la congregación en la que, probablemente, iniciaron su vida cristiana? En este libro, deseo elaborar las razones que se dan para pasar de una iglesia a otra —tanto las que podrían considerarse aceptables, como las que no tienen peso. Para entender mejor el escenario en el que la Iglesia actual se desenvuelve, consideraremos, sin perdernos en detalles, algunos de los retos que los conceptos posmodernistas representan en el Siglo XXI, que con sus planteamientos de la existencia de muchos caminos que conducen a la verdad, alegan que no existe claridad sobre lo que es bueno o malo y que la búsqueda de la verdad debe enfocarse en personas y no en instituciones. El hombre posmoderno es escéptico, desafía la verdad y vive de lo efímero. Como dijo Humberto Eco, filósofo y escritor italiano, autor de numerosos ensayos: «Cuando los hombres dejan de creer en Dios, no es que no crean en nada; creen en cualquier cosa».

Karl Lehmann, cardenal alemán y obispo de Maguncia, ha definido «teoplasma» como una especie de plastilina religiosa a partir de la cual cada uno fabrica sus dioses a su propio gusto, adaptándolos a las necesidades propias. La Iglesia de hoy enfrenta esa visión posmodernista de la vida, que no es otra cosa que una reacción de desencanto de los valores supremos de la modernidad. Es inevitable mirarla de frente, ya que, al trastocar todas las esferas del saber humano, por consecuencia, afecta directamente al sector evangélico. En la posmodernidad, se está dando un cambio de perspectiva de lo que es la Iglesia en general, generando una apertura sin fronteras entre los diversos movimientos religiosos, los cuales vemos uniendo esfuerzos o, por lo menos, teniendo acercamientos inconcebibles en otros tiempos.

Los posmodernos no están satisfechos con la racionalidad que ofrece el mundo occidental. No les desconcierta la tecnología, la ciencia, la globalización, el Internet o cualquier cosa identificada con el progreso, ni están satisfechos con la tradición. La posmodernidad expone, entre otras cosas, que hay muchos centros —no solo Occidente—, que hay muchos caminos a la verdad, que no existe claridad sobre lo bueno o lo malo del momento actual y que todo es relativo. El posmodernismo es el culto al «yo», al hedonismo, la búsqueda del placer y el bienestar en todos los órdenes de la vida. Para el posmoderno, el presente es tanto bueno como malo.

Otro mal de los tiempos actuales es el secularismo religioso. Sobre el tema, el Papa Juan Pablo II dijo: «El secularismo es un movimiento de ideas y costumbres, defensor de un humanismo que hace total abstracción de Dios y se concentra, totalmente, en el culto del hacer y del producir. Cuando el ser humano se deslumbra por el consumo y el placer, pierde interés en el peligro de 'perder su propia alma', cosa que va socavando el sentido del pecado»[1]. Se puede comparar esto a una olla hirviente que podría culminar con la destrucción de la fe de muchos creyentes en Cristo Jesús. La tendencia a sacar a Dios de la vida de la humanidad es una agresión a la fe y al cristianismo. Lamentablemente, el secularismo es muy fuerte, nos contamina y, por eso, sufrimos la tentación de amoldarnos al mundo y de asumir las circunstancias históricas como elementos normativos, al igual que la Palabra de Dios.

¿De qué forma estas tendencias impactan al creyente en Cristo? ¿Cómo trabaja o maneja la Iglesia esta relación cultura-Iglesia? Se les pidió a algunos cristianos o líderes de las iglesias de Occidente que definieran las causas para el surgimiento de esta cultura posmoderna y poscristiana, en la que el cristianismo ha perdido efectividad, influencia y prestigio en asuntos políticos y otras áreas, sus respuestas fueron, entre otras: el materialismo, el consumismo, el egoísmo, el egocentrismo,

---

[1] Extraído de: www.teologoresponde.org.

el orgullo, la codicia y el deterioro moral. Para fines de esta investigación, definiremos los primeros tres conceptos:

MATERIALISMO – El materialismo niega la existencia de un Ser superior y sostiene que todo lo que existe está determinado, en su esencia, por lo material y, en su comportamiento, por la causalidad. De esta forma, se queda con la materia y niega toda realidad espiritual. El escritor americano Cristopher Lasch, en su libro *La cultura del narcisismo*, lo describe así: «Cuidar la salud, desprenderse de los complejos y esperar las vacaciones». Es decir, vivir sin ideal y sin objetivos trascendentes. El Dr. Enrique Rojas, autor del libro *El hombre light: la importancia de una vida con valores*, lo resume de la siguiente manera: «la enfermedad de Occidente es la de la abundancia: tener todo lo material y haber reducido al mínimo lo espiritual».

CONSUMISMO – El diccionario de la Real Academia Española define «consumismo» como la «tendencia inmoderada a adquirir, gastar o consumir bienes, no siempre necesarios». ¿Cuánto de esta mentalidad comienza a caracterizarnos como creyentes? No cabe duda de que el perfil económico de la Iglesia en nuestro continente ha cambiado radicalmente. Hace apenas 50 años, la Iglesia estaba constituida por gente humilde y con poca preparación académica. Hoy, cada vez más, los evangélicos poseen educación avanzada, cosa que también se ha reflejado en el aumento de su ingreso económico; pero hay quienes, con trabajos poco remunerados, lucen extravagantes relojes, teléfonos inteligentes y zapatos deportivos de marca. Además, cada vez, vemos autos más grandes y nuevos en los estacionamientos de los templos; para adquirirlos, se recurre con frecuencia a las opciones de crédito que, cada vez, son más asequibles. Sin duda, el consumismo como un medio de llenar vacíos internos —o como símbolo de estatus— nos está trastocando.

EGOÍSMO - Se le denomina la epidemia espiritual de nuestro tiempo. Muchos viven como si su vida fuera el centro del Universo. La comodidad, el bienestar personal y el individualismo han tomado el lugar del servicio sacrificial y el esfuerzo por el bienestar común. Muchos creyentes invierten tantos recursos en satisfacer los deseos de su corazón, que disponen cada vez menos para invertir en la obra de Dios. Por lo tanto, muchos proyectos misioneros y evangelísticos quedan relegados a un plano secundario y, en algunos casos, van languideciendo. Estos son genuinos desafíos que inquietan la Iglesia del Señor en la actualidad[2].

No podemos cerrar los ojos ante estas realidades que se convertirán en trabajo duro y difícil en los tiempos venideros. «*Llegará el tiempo en que la gente no escuchará más la sólida y sana enseñanza. Seguirán sus propios deseos y buscarán maestros que les digan lo que sus oídos se mueren por oír. Rechazarán la verdad e irán tras los mitos*» (2 Timoteo 4:3-4). Vivimos, además, en un tiempo de apostasía, caracterizada por prácticas que en nada guardan relación con el Evangelio de Jesús y surgen de falsas enseñanzas que son de agrado al oyente por ser sutiles y atractivas, pero son un desafío a la autoridad bíblica establecida por Dios y una manifestación de rebelión y abandono de la fe cristiana. Datos recientes indican que el

---

[2] Referencia: https://desarrollocristiano.pe/la-iglesia-ante-la-sombra-del-consumismo.

número de personas que participan en las iglesias va decreciendo, mientras que el número de interesados en el tema de la espiritualidad aumenta proporcionalmente. ¿Qué está pasando? Es sencillo, se asoma un divorcio entre lo espiritual y lo eclesial[3], entre los que se consideran espirituales y están fuera de la Iglesia y los que permanecen dentro de ella.

El divorcio entre la fe y la vida diaria es uno de los más graves errores de nuestra época. Ya en el Antiguo Testamento, los profetas reprendían con vehemencia este modo de actuar. Para el que busca la «espiritualidad» de hoy, la religión organizada no es el camino ni se requiere que la persona se entregue ni obedezca, como ocurre en el ámbito eclesial. Esta posición es típica de millones de hombres y mujeres de Occidente que quieren practicar o permanecer en la fe, pero no quieren la Iglesia. Por lo general, están resentidos con la iglesia en la que alguna vez estuvieron. Son practicantes que quieren lo religioso, pero no lo eclesial. Este divorcio corta el enriquecimiento mutuo que se da entre lo espiritual[4] y la Iglesia.

Frente a estos dardos del enemigo, la Iglesia mantiene como base las Escrituras y al Espíritu Santo como ayudador. Ambos recursos le han dado la victoria a lo largo de milenios de historia. Dios siempre ha levantado figuras claves (apóstoles, profetas, evangelistas, pastores, maestros) para cada época de la Iglesia, en medio de la persecución y en múltiples otras crisis. Sin duda alguna, para este tiempo, Dios llama a una Iglesia que sepa erguirse poderosa en Cristo en la tenebrosa época del posmodernismo. Confiamos en que el Cuerpo, bien unido y

---

[3] Con el término «eclesial», nos referimos a lo que permanece unido a la comunidad cristiana.
[4] Hoy, el término «espiritual» está sujeto a una diversidad de interpretaciones religiosas.

concertado, trabaje para alcanzar vidas para Cristo y consolidar en la fe a aquellos que lo han reconocido como su Señor. El momento lo demanda.

ÍNDICE

Dedicatoria	5
Agradecimientos	7
Introducción	9
Prólogo	11-18
1. Deambulantes: ¿Quiénes son?	21-25
2. La Iglesia: lo que es y lo que no debe ser	27-29
3. «Me voy de esta iglesia»: razones de peso	31-85
• Abuso religioso o espiritual	*31-52*
• La religiosidad	*52-65*
• Insensibilidad pastoral	*65-66*
• La enseñanza de «otro Evangelio»	*66-70*
• Ausencia de integridad en el ministerio pastoral	*71-72*
• Ministerio pastoral sin compromiso	*72-73*
• Disciplina desproporcionada	*73-75*
• Burocracia asfixiante	*75*
• Rigidez religiosa	*76-78*
• Resistencia al cambio	*78-81*
• Apatía y descuido espiritual	*81-83*
• Ausencia de una enseñanza bíblica significativa	*83-84*
• Razones prácticas	*84-85*
4. Guardando el corazón del líder	87-90
5. Razones para salir de una iglesia que son solucionables	91-106
6. Lo que no se expresa, pero es la verdadera razón para salir	107-112
7. Congregaciones en riesgo de perder miembros	113-116
8. Deambulantes en la Biblia	117-132
9. La Iglesia y los débiles en la fe	133-138
10. ¿Debo salir de mi iglesia?	139-143

11. Eligiendo una nueva congregación	145-148
12. Lo que debes conocer de una nueva iglesia	149-152
13. Criterios sensatos al cambiar de congregación	153-159
14. Lo que puede esperarse al cambiar de iglesia	161-163
15. No dejes de congregarte	165-167
16. ¿Y si no es necesario salir?	169-173
17. Pero si sales…	175-179
18. Otras consideraciones prácticas	181
19. Evitando errores en el proceso de movernos de iglesia	183-186
20. ¿Y si regreso a la iglesia que deje atrás?	187-193
21. Secuelas al salir de una iglesia bajo una experiencia traumática	195-197
22. Cierre de una etapa	199-202
23. El legado que dejamos	203-205
24. Lo que perdura en nosotros dejar una comunidad de fe	207-209
Nota final	211-215
Sobre el autor	217
Bibliografía	219-220

DEAMBULANTES: ¿QUIÉNES SON?

Llamaremos «**deambulantes de iglesias**» a los que tienen la tendencia a vagar o peregrinar sin dirección determinada, en lo que a congregaciones se refiere. La expresión «deambulante» o «persona sin hogar» que utilizamos en Puerto Rico equivale al término «*homeless*» con el que se denomina en los Estados Unidos a la persona que no tiene una casa fija en la que vivir. En otras partes de Latinoamérica, se les llama «persona en situación de calle» o «los sintecho». Por lo general, entre los deambulantes, hay individuos con diferentes problemas que les han predispuesto a esta condición de vida: podría tratarse de trastornos mentales, adicciones, impedimentos físicos, enfermedades o algunas otras circunstancias que han derivado en no tener un techo fijo. Por contraste, otros han elegido este estilo de vida de manera consciente y voluntaria. Partimos de una descripción literal del deambulante en términos generales porque nos ayuda a tener un panorama de las situaciones que contribuyen a sacar de estabilidad a un individuo y, así, aplicarlo al tema que nos ocupa.

Es común que una persona en esta situación no sea apreciada por la sociedad ni posea, en la mayoría de los casos, un **sentido de pertenencia**, cosa que es de importancia vital para el ser humano. El sentido de pertenencia es un elemento de cohesión que impulsa al individuo a cuidar y defender lo que considera suyo. Las naciones y pueblos defienden su cultura, sus raíces y bandera como símbolos de identidad. Cuando existe un sano sentido de pertenencia, el individuo tiene en alta estima su origen y protege lo que le resulta útil y valioso, en fin, todo lo que representa un beneficio para sí mismo y para otros. El carecer de sentido de pertenencia puede hacer que se aísle del resto y que, en muchos casos, deje de tomar iniciativas de acercamiento por temor al rechazo. Pertenecer conlleva ser parte de un colectivo por elección de la persona que elabora —en gran medida— su identidad con base en el entorno y las condiciones sociales que le rodean.

Está claro que sentirnos parte de un conjunto o colectivo social contribuye a fortalecer nuestra autoestima, nos hace sentirnos respetados, amados y reconocidos y nos estimula a hacernos presentes como parte de una nación, una fe, un partido político, un grupo artístico, un equipo deportivo, etc. El arraigo en aquello que consideramos importante contribuye, también, a alejar o atenuar la soledad, un sentir que afecta a millares de seres humanos. El aislamiento puede producir insensibilidad, egoísmo, desconfianza y un sentimiento progresivo de inseguridad, desesperanza y desamparo. Si no sentimos que pertenecemos, no nos identificamos con lo que nos rodea; por lo tanto, miramos todo de lejos y vamos perdiendo interés en aquello que podría ayudarnos.

A partir de un sólido sentido de pertenencia, anhelamos lo mejor para el colectivo en el que nos ubicamos, aunque, por supuesto, dentro de todo grupo, hay gente comprometida y gente que no lo está. La persona comprometida tiende a echar adelante los proyectos de una organización o institución —con la que carece de motivación, el avance es poco o ninguno. En ciertos casos, el deambulante de iglesias ha dejado que su estado de ánimo lo domine. Cuando eso sucede, no se motiva ni se compromete con la congregación y, en el peor de los casos, va a responsabilizar a otros por su condición espiritual.

Si observamos detenidamente las características del desmotivado o apático, veremos que, por lo general, ocupa la silla de la víctima. Su comportamiento saca a la luz una falta de identidad y compromiso que lo inclina a culpabilizar si no se percibe aceptado en la congregación que frecuenta. Es común que termine censurando y responsabilizando al grupo, al pastor o a los líderes por sus conflictos. Por contraste, la persona comprometida evidencia su responsabilidad en acciones y en la intención de resolver sus problemas y ayudar a otros. ¿Qué ocasiona esa apatía? «Hay, básicamente, dos fuentes: la interna y la externa. La interna tiene que ver con el trasfondo de la persona —su infancia, su experiencia de vida en la familia y la sociedad—, incluye situaciones que le rodearon a temprana edad, que influenciaron el desarrollo de su personalidad y han dejado un efecto en sus motivaciones»[5]. Las causas externas, por otra parte, guardan relación con los sucesos que se dan en el entorno: eventos de vida, la gente que nos rodea y los escenarios en que nos desempeñamos. La solución para la desmotivación no está en cambiarse de iglesia o trabajo, sino en la disposición del individuo a hacer ajustes. La persona comprometida echa raíces y da frutos en la iglesia o en el lugar en que se ubica y tiene una tendencia a la estabilidad, que se traduce en éxitos en su vida laboral, social y familiar; además, desarrolla una relación saludable con los demás, que le ayuda a establecer vínculos para el resto de la vida. Es lógico, entonces, que mucho de esto se origine en la familia, que es el primer grupo al que pertenecemos. También, es comprensible que la ausencia de ese sentido de pertenencia nos haga propensos a degradar o negar nuestro origen.

Quien tenga sentido de pertenencia nunca se lamentará de sus raíces; más bien, sentirá satisfacción de destacar las cosas buenas de su procedencia. Ya se trate de

---

[5] Extraído de: cultivandoelsentidodepertenencia.blogspot.com.

un pueblo, una cultura, una religión, una empresa, un club de fútbol, nuestra familia o un círculo de amigos, nos sentimos a gusto con nosotros mismos y con los que nos rodean. Lo que hacemos y proyectamos va encaminado a buscar los mejores resultados para nosotros y nuestros semejantes. Si trasladamos este cuadro al estado anímico del deambulante de iglesias, podemos entender que la raíz de su desapego hacia su congregación puede ser la carencia de un sentido de pertenencia que va limitando su afecto por el grupo o, lo que sería peor, produce una total indiferencia. El que piensa en alejarse lo hace, generalmente, porque considera que la Iglesia no es adecuada para sí mismo ni para su familia. Quizá, su vida proyecta vacíos espirituales que serán difíciles de llenar en cualquier escenario, pero es de esperar que, si carece de sentido de pertenencia en su iglesia, esta no estará en sus prioridades ni será un bien fundamental en su vida. La persona que, en su entorno, no halla el sentido de pertenencia, siente que está en un lugar equivocado y, por consiguiente, no le nace estar o permanecer donde se ha ubicado. Quien no siente que pertenece, termina preguntándose: ¿qué hago yo aquí?

Una manera de adquirir un saludable sentido de pertenencia en la Iglesia es crecer en la comunión con los hermanos en la fe y participar —activamente— en las reuniones. Esto afianza la identidad personal y colectiva, a la vez que provee oportunidades de ser útiles a los demás, algo a lo que debe aspirar todo cristiano. Como escribió el Dr. Amauri Castillo Rincón: «El sentido de pertenencia fortalece el sentimiento de que todos somos uno, es como decir que al pertenecer a este mundo que Dios nos dio por heredad, todos nos pertenecemos mutuamente y, por tanto, debemos amarnos y socorrernos mutuamente»[6].

---

[6] Extraído de: unavidafeliz.com.

Muchos piensan que la adquisición de una casa es una de las decisiones más significativas que se pueden tomar en la vida. Sin embargo, el lugar que un individuo y su familia eligen para aprender la Palabra y servir al Señor Jesucristo tiene un alcance de eternidad. El deambulante de iglesias, comúnmente, anda en busca de la congregación ideal, un lugar conforme a sus pensamientos y expectativas. La realidad es que no la va a encontrar. Algunos cristianos se quejan: «¡No encuentro lo que busco! Quiero una iglesia donde mi familia sea ministrada y se predique la verdadera Palabra, pero nada me parece adecuado. La predicación es superficial, la adoración está muerta, salgo vacío, no experimento nada». Todo lo anterior y un largo etcétera. La lista de reclamos podría ser tan diversa como: «Nuestro pastor trae, continuamente, cosas nuevas a la iglesia: nuevos métodos de evangelismo, nueva música, gente nueva que enseña; da mayor atención a la gente que llegó hace poco, etc.» o, por el contrario, «El pastor no trae nada nuevo» o «Es una buena iglesia, pero le falta esto o le falta aquello». La inconformidad parece ser la marca de fábrica de algunas personas. No es de extrañar que nunca den con lo que les satisfaga.

Bernardo Stamateas, psicólogo y pastor de la congregación Presencia de Dios en Argentina, indica: «Me atrevería a decir que, en una gran parte del planeta, la Iglesia del Señor ya no crece, solo se desplaza». Esta afirmación es inquietante para los pastores y para la Iglesia cristiana en general, ya que una gran cantidad de cristianos vive saltando «de iglesia en iglesia». En gran medida, tiene razón, y es un hecho lamentable. Abramos la ventana y miremos el panorama.

LA IGLESIA: LO QUE ES Y LO QUE NO DEBE SER

El Evangelio no es una experiencia religiosa, sino la vida de Cristo inundando la totalidad del ser. Ser cristiano es seguir a Cristo, de modo que Él viva en nosotros y a través de nosotros. Su vida fue ungida con gozo: «*Amas la justicia y odias la maldad, por eso, oh, Dios, tu Dios te ha ungido, derramando el aceite de alegría sobre ti más que sobre cualquier otro*» (Hebreos 1:9). Ese gozo es nuestra herencia y fortaleza. Amar y servir a Cristo produce un gozo que debe expresarse de todas las maneras posibles. ¿Por qué no? Lo hacemos cantando, riendo, bailando, escribiendo, compartiendo unos con otros. Se manifiesta tanto en público como en privado, a solas y delante del Eterno Dios.

En la Biblia, específicamente en el libro de los Hechos, los cristianos manifestaban un gozo especial. Razones suficientes tenían. Lo hacían al compartir el pan diariamente, pero, también, al ver cómo los demonios se sujetaban en el nombre de Cristo. Lo hacían al presenciar milagros, al dar a conocer a Jesús como el Mesías que sanaba los enfermos y libertaba a los esclavos del pecado. El gozo verdadero en Dios perdura por encima de las contradicciones y el dolor y permanece cuando las circunstancias son adversas. Los cristianos tenemos un motivo especial para estar alegres: somos hijos de Dios y nada nos debe turbar, ni aun la muerte. El gozo cristiano es una actitud ante la vida, que ni los dolores ni los sinsabores que pasamos nos pueden robar.

La experiencia del Apóstol Pedro (Hechos 12:6) nos lo ilustra: «*La noche antes de ser sometido a juicio, Pedro dormía sujeto a dos cadenas entre dos soldados. Otros hacían guardia junto a la puerta de la prisión. De repente, una luz intensa iluminó la celda y un ángel del Señor se puso frente a Pedro. El ángel lo golpeó en el costado para despertarlo y le dijo: "Rápido, levántate". Y las cadenas cayeron de sus muñecas. Después, el ángel le dijo: "Vístete, ponte tu abrigo y sígueme". Así que Pedro salió de la celda y siguió al ángel, pero todo el tiempo pensaba que era una visión, no se daba cuenta de que, en verdad, eso estaba sucediendo. Pasaron el primer puesto de guardia y, luego, el segundo y llegaron a la puerta de hierro que lleva a la ciudad, y esta puerta se abrió por sí sola frente a ellos. De esta manera, cruzaron la puerta y empezaron a caminar por la calle y, de pronto, el ángel lo dejó. Finalmente, Pedro volvió en sí: "De veras, es cierto, el Señor envió a su ángel y me salvó de Herodes y de lo que los líderes judíos tenían pensado hacerme". Pedro llegó a una casa donde había un grupo orando. ¡Qué alegría les dio ver a Pedro! El gozo inundó a los creyentes que intercedían por él. Es que el gozo proviene de Aquel que fue ungido con aceite de alegría más que cualquier otro».* La Biblia expresa, claramente, lo que es el gozo de servir a Dios en Juan 15:11 y en Salmo 16:11:

«Les he dicho estas cosas para que se llenen de mí; así es, desbordarán de gozo».

(Juan 15:11)

«Me mostrarás el camino de la vida, me concederás la alegría de tu presencia y el placer de vivir contigo para siempre».

(Salmo 16:11)

Sin embargo, hay congregaciones donde, lejos de que el creyente experimente la sanidad del ser humano integral disponible en Cristo, se manifiesta una atmosfera de religiosidad, control y rigidez que marca a sus miembros con secuelas que, más adelante, requerirán tiempo y paciencia para resolverse. Miraremos en el próximo capítulo ciertas razones que despiertan en el miembro común la necesidad de buscar un nuevo lugar para congregarse, como el **abuso religioso**, la **resistencia al cambio** y la **ausencia de integridad en el ministerio pastoral**.

«ME VOY DE ESTA IGLESIA» RAZONES DE PESO

Estamos conscientes de que existen razones de peso por las que una persona o familia debe salir de una congregación y, por supuesto, es comprensible y razonable que lo hagan. Considerémoslas en primer término:

1) Abuso religioso o espiritual

«El **abuso religioso** es el maltrato que se inflige por imposición o mediación religiosa a través de acoso o humillación que, a menudo, resulta en un trauma psicológico. Entre los casos de abuso religioso, encontramos la explotación de la religión con fines personales, seculares o ideológicos, por ejemplo: el abuso de una posición en el clero, como ha sucedido en los casos de abuso sexual cometidos por miembros de la Iglesia católica»[7]. La llamada «Santa Inquisición» fue otro tipo de abuso religioso que dejó huellas que perduran en la historia.

¿Qué es abuso?

El «**abuso**» es una injusticia causada por el mal uso de un derecho o de un poder, y es perjudicial para la sociedad. El llamado «abuso espiritual» o «abuso religioso» es el que procede de parte de pastores, sacerdotes o líderes

---

[7] Extraído de: https://es.wikipedia.org.

cristianos, que, al hacer mal uso de su autoridad, causan un perjuicio enorme a los miembros de su comunidad.

Algunos líderes cristianos, utilizando la posición de autoridad que ocupan, se sirven de textos bíblicos para manipular, humillar y culpabilizar a los creyentes, o para obligarles a someterse a sus deseos. En estos sistemas religiosos, los pensamientos, sentimientos, deseos y necesidades de sus miembros no cuentan. Al salir de ese círculo de toxicidad religiosa, las víctimas portan marcas profundas en el plano emocional: su autoestima se ha debilitado y tienden a mostrar resistencia a volver a congregarse por temor a ser heridos nuevamente. En muchos casos, el paso del tiempo no basta para borrar las huellas de sus dolorosas experiencias. Una persona que ha experimentado abuso religioso puede llegar a sentirse abrumada por la tristeza y la vergüenza, a tal punto que se le hace difícil otorgar a otros su confianza nuevamente. En tales casos, será necesario un proceso de ayuda basado en el amor, la paciencia y —sobre todo— la comprensión.

El término «**abuso espiritual**» fue, probablemente, acuñado a finales del siglo XX para referirse al abuso de autoridad por parte de líderes religiosos. No obstante, algunos historiadores y expertos citan textos anteriores de psicología e historia religiosa en los que ya aparece el término. El Dr. Steven Lambert[8] define el abuso espiritual como «un tipo de predominio psicológico que puede describirse como esclavitud religiosa». Además, considera que la «esclavitud religiosa» es el equivalente de lo que la Biblia denomina como «brujería» o «magia».

El abuso espiritual es una violación de derechos hecha en nombre de Dios que hiere al creyente en lo más profundo de su alma. Las consecuencias son desastrosas y

---

[8] En: *The Signs of Spiritual Abuse*.

quienes las experimentan tienen gran dificultad para retomar una vida normal porque algunos han sido condicionados para creer que Dios es vengativo. Lamentablemente, estos lobos que han entrado al rebaño se dedican a explotar las debilidades de los creyentes, convenciéndoles de que, si no se someten a sus directrices, Dios les va a castigar, enviándoles al infierno. En numerosos casos, al salir de estas experiencias, las víctimas permanecen renuentes a todo lo que tenga que ver con religión.

Todo lo descrito basta para señalar que el abuso espiritual jamás debe tener lugar en la Iglesia del Señor. El mensaje de Cristo invita a todo aquel que se encuentra cargado y cansado a acudir a Él para recibir descanso. El Maestro ofrece una libertad sanadora para las emociones y el cuerpo. Ser cristiano es una experiencia profundamente liberadora. Hay vida abundante en Aquel que dijo: «Yo soy el camino, la verdad y la vida». Desgraciadamente, el nivel de abuso espiritual que han vivido muchos cristianos ha hecho de su fe una prisión. Recalco que esa no es la experiencia a la que hemos sido llamados. El Evangelio es justicia, paz y gozo; es alegría exuberante en el Espíritu.

Se me hace larga e interminable la noche para seguir disfrutando cada mañana de la inmensidad del milagro de la redención, de las innumerables bendiciones que suceden a diario y que solo percibes cuando vives en armonía con Dios».

—Anónimo

Veamos los siguientes casos documentados de abuso religioso a nivel internacional:

A. Escándalo en la escuela del coro de la catedral de Ratisbona

Un escándalo sexual sobrecogió la opinión pública en Alemania entre los años 1953 y 1992. Hasta 231 niños de la escuela del coro de la catedral de Ratisbona fueron abusados durante años por los sacerdotes y profesores y, al menos, 50 de ellos fueron víctimas de agresiones sexuales. Tras las sospechas y denuncias presentadas durante años, el obispado comisionó un informe para esclarecer lo sucedido en la escuela religiosa de la ciudad.

El autor de la investigación, el abogado Ulrich Weber, presentó un informe, revelando que el número de víctimas era muy superior al estimado previamente e indicó que las cifras pueden ser aún mayores. El investigador consideró que, probablemente, entre 600 y 700 niños recibieron maltrato físico. Eso supondría que uno de cada tres escolares fue agredido por miembros de la institución diocesana.

B. Infierno en la «Casita de Dios»

Durante años, muchos menores fueron abusados en un centro de la Iglesia católica en Argentina. Nadie prestó atención a las denuncias de las víctimas o sus familiares. Se trataba de niños sordos y muy pobres —en otras palabras, las víctimas ideales. Era fácil convencerles de que no contaran nada y, si lo hacían, como pasó con algunos, nadie les creería. Todavía hoy, ya veinteañeros, sorprenden a los abogados y fiscales por las caras de terror que ponen en las rondas de reconocimiento cuando ven al padre Corradi, de 82 años. Se llevan la mano a la boca y cierran el puño. Le siguen teniendo miedo, aunque esté en la cárcel. Son los niños del antiguo instituto Antonio Próvolo de Mendoza (al oeste de Argentina), el cual fue un instituto para sordos donde, por años, se cometieron toda clase de abusos sexuales sobre menores hasta de cinco años. En su mayoría, fueron perpetrados por dos curas y, en ocasiones, con la ayuda de una monja que probaba a las niñas y niños para encontrar a los más débiles y entregárselos a los sacerdotes. La monja Kosaka Kumiko, vestida aún con su hábito, pero esposada y con chaleco antibalas, se declaró inocente ante el juez que la acusó de ayudar y encubrir a los sacerdotes que, durante años, abusaron sexualmente de los niños sordos que tenían a su cuidado. La mujer tenía, además, la misión de seleccionar a los niños más «sumisos» y entregarlos como presas a los curas.

C. UN PADRE EN BUSCA DE JUSTICIA

Un padre buscó justicia durante décadas para los abusos que sufrieron sus hijas. Con una foto de sus dos niñas sonrientes en la mano, realizó una fuerte declaración de la misión que tenía en su vida: «Esta era mi familia perfecta —dijo Anthony Foster—. La habíamos formado así y la Iglesia católica la destruyó». Junto con su esposa Chrissie, Foster había perseguido sin descanso a la Iglesia en busca de respuestas por sus hijas, Emma y Katie, quienes fueron abusadas en su escuela primaria entre 1988 y 1993. «Un sacerdote católico las violó y, por eso, hemos estado luchando durante tanto tiempo». Años después de las violaciones, Emma pasó por la adicción a las drogas y se autolesionó. En 2008, con 26 años, tuvo una sobredosis de medicamentos y murió mientras sostenía un oso de peluche que había recibido en su primer cumpleaños. En 1999, Katie fue arrollada por un conductor ebrio, lo cual la dejó con discapacidades físicas y mentales que requieren de atención constante.

D. Investigación en el Reino Unido

En 2012, el Departamento de Niños, Escuelas y Familias del Reino Unido emprendió un nuevo plan de acción para investigar y tratar el problema de los maltratos basados en la fe, después de que varios asesinatos de este tipo alcanzaran bastante notoriedad, como el de Kristy Bamu. En un periodo de 10 años, Scotland Yard ha realizado 83 investigaciones por maltratos relacionados con la fe, y se teme que haya otros más que no han sido denunciados.

E. Abuso y coacción sexual en la Iglesia evangélica

En las iglesias evangélicas, también hay igual o más abusos sexuales de lo que se piensa. El rotativo berlinés BZ reveló que, en el hospital Johannestift de la Iglesia evangélica, en el barrio berlinés de Spandau, especializado en la atención de personas con minusvalías, se produjeron, en los años 1980 y 1990, al menos, cuatro casos de abuso y coacción sexual contra pacientes y personal. El fiscal berlinés Marin Schelter advirtió que los abusos contra personas indefensas son castigados «con penas de seis meses a diez años de cárcel, penas que no bajan de los dos años en caso de violación».

F. PASTOR EVANGÉLICO CHILENO ENCAUSADO DEBIDO A ABUSO SEXUAL EN ARGENTINA

El obispo Claudio Néstor Vera Navarrete, quien fuera la máxima autoridad de la Iglesia Metodista Pentecostal en la Argentina, fue procesado por el presunto abuso sexual de dos adolescentes. Vera Navarrete, de 61 años, vive en Bariloche y llegó al país hace 30 años, donde alcanzó la jerarquía de «obispo presidente», con lo que llegó a tener a su cargo 136 iglesias evangélicas de todo el país.

G. PASTOR EVANGÉLICO ABUSA DE SU CONDICIÓN DE PASTOR

Un pastor evangélico brasileño fue detenido y acusado por abusar sexualmente de cuatro niñas de entre 9 y 10 años. Así lo informó la Policía del estado de Amazonas en un comunicado: «Geraldo Pereira Nunes, de 69 años, era investigado por la Policía del estado de Paraná desde noviembre del 2010». Según los investigadores, Pereira Nunes abusaba de «su condición de pastor y de la confianza de los fieles para practicar el delito, que incluye actos libidinosos con las víctimas», señala la nota.

Cabe destacar que, la violencia contra los niños basada en la fe dentro de una secta religiosa se ha convertido en un área de interés y preocupación creciente. Este tipo de maltrato toma, a menudo, la forma de palizas, confinamiento ilegal, trato negligente, asfixia o —incluso— asesinato, por la creencia de que el niño está poseído por Satán o por espíritus malignos, que practica la brujería o la magia negra o que ha cometido algún tipo de pecado que exige tal castigo.

IDENTIFICANDO EL ABUSO RELIGIOSO

Hay ciertas preguntas que debemos hacernos para saber si estamos en medio de una experiencia de abuso espiritual:

a. ¿Demandan mis líderes obediencia, aun cuando se trate de cosas que contravienen las Escrituras?
b. ¿El líder es dictatorial o indisciplinado en su vida espiritual? ¿No modela los frutos de santidad, misericordia y servicio que Jesús modeló?
c. ¿Solo las opiniones y/o posturas del líder cuentan?
d. ¿La vida personal del líder es un misterio que nadie conoce a ciencia cierta?

Si las respuestas a estas preguntas son en la afirmativa, hay que plantearse seriamente la urgencia de salir de ese entorno.

PERFIL DEL ACOSADOR O MALTRATANTE ESPIRITUAL

Los rostros del abuso espiritual son fáciles de identificar. Veamos algunas de las características del que ejerce abuso espiritual sobre sus seguidores:

- ❖ Por lo general, posee una personalidad carismática y tiene notable capacidad de seducción o convencimiento.
- ❖ Es autoritario, busca sistemáticamente controlarlo todo.
- ❖ No admite críticas y desacredita a quienes se le oponen.

❖ Dice haber recibido directamente de Dios la autoridad que le da poder de conocer la única y justa interpretación de la Biblia.
❖ No se satisface con lo que tiene, ambiciona más.
❖ En lugar de conducir a otros a Jesucristo, busca ser servido para satisfacer su sed de poder.
❖ Podría ser una persona paranoica[9].

Otras características de un acosador espiritual (tomadas del libro *Toxic Faith*):

❖ Siente la necesidad de adornar la verdad y hacer que las cosas se vean más grandes de lo que realmente son.
❖ Necesita estar en control, busca el poder para lograrlo.
❖ Proyecta sus problemas en los demás.
❖ Tiene actitud de superioridad.
❖ A menudo es movido por celos y envidia.
❖ Siente que se le debe algo.
❖ Es extremadamente centrado en sí mismo.
❖ Tuerce la Palabra de Dios para acomodarla a sus propias creencias o conveniencias.
❖ Manipula a otros, utilizando la culpa, el miedo, la vergüenza y el remordimiento.
❖ Tiene dificultad con el manejo de la ira.
❖ No se involucra en relaciones donde tenga que rendir cuentas.

---

[9] «Paranoia» es un término que proviene del griego, que se refiere a una perturbación mental que produce ideas fijas absurdas, basadas en hechos falsos. «La persona que exhibe esta conducta refleja una actitudególatra, de baja autoestima, frialdad emocional inflexibilidad, autoritarismo y desconfianza con propensión a los resentimientos» (Zivi y Poujol, 2011).

LA MANIPULACIÓN EN EL ABUSO RELIGIOSO:

- ❖ Es chantaje emocional ejercido con el propósito de obtener lo que se quiere, sin tener en cuenta la voluntad de la persona.
- ❖ Es intervenir con habilidad para lograr un objetivo.
- ❖ Puede manifestarse interfiriendo con la víctima para estorbarle acciones que podrían beneficiarle, como obtener tratamiento médico, contactar a su familia o, por el contrario, estimulando algún comportamiento dañino.
- ❖ Puede tener el efecto de imprimir en la víctima un intenso miedo que le lleve a desarrollar fobias o desarrollar una depresión prolongada.
- ❖ Podría llevarle a sufrir un persistente sentimiento de vergüenza, aun después de haberse alejado de la congregación[10].

No es de extrañar que a las víctimas de abuso espiritual se les haga difícil volver a emprender el camino del servicio a Dios. Han sido heridas y defraudadas con lo que representa la Iglesia. Algunas iglesias expresan una aprobación y devoción sin límites a su líder espiritual. En muchos casos, ese líder, adulado y admirado, tiende a creer que, en su ausencia, su iglesia no funciona ni prospera. Su altivez le hace pensar que es único e insustituible. El rey Salomón escribió: «*El orgullo va delante de la destrucción, y la arrogancia, antes de la caída*» (Proverbios 16:18). El orgullo es un pecado que produce un sinfín de males al ser humano; es el origen de su caída y la causa de muchas

---
[10] Jeff Van Vonderen, *La autoestima reencontrada*.

desgracias y tragedias en la historia de la humanidad. La caída de Satanás fue por su orgullo y vanidad: «*¡Cómo has caído del cielo, oh, estrella luciente, hijo de la mañana! Has sido arrojado a la Tierra, tú que destruías a las naciones del mundo. Pues tú te decías a ti mismo: "Subiré al cielo para poner mi trono por encima de las estrellas de Dios"*» (Isaías 14:12-13). La ruina de muchos pastores es el orgullo que, como una nube espesa, los arropa, los ciega y, finalmente, los derriba. Una mirada a la realidad pastoral actual debe inquietarnos. Los títulos, la arrogancia y el abuso de poder han ganado terreno en ciertos casos. A algunos líderes ya no les basta con que los llamen «pastores», desean que los llamen «obispo», «profeta», «vidente» y «apóstol». Cabe señalar que los apóstoles llamados por el Señor Jesús no usaron el título como carta de ostentación u orgullo para sobresalir sobre otros. En cambio, ¡qué gratificante es servir con sencillez de corazón al Maestro!

Desgraciadamente, los creyentes que han vivido este tipo de experiencias dolorosas en su caminar de fe, han visto sus vidas transformarse en prisiones de esclavitud y desconcierto. No importa en qué tiempo, país o iglesia haya sucedido, muchas de estas experiencias son similares. Sus pastores, sacerdotes o líderes utilizaron su autoridad espiritual para enseñorearse de ellos y controlarlos, en muchos casos, valiéndose de textos bíblicos para manipular, humillar y culpabilizar hasta lograr someterles a sus deseos. Al final, muchas víctimas de estos abusos ya no van más a la Iglesia ni creen en ella. Están tan profundamente heridas en el plano emocional, que su sentido de valor propio ha sido aniquilado. Se requiere un proceso de ayuda basado en la empatía, la paciencia y —sobre todo— la aceptación, para ayudarles a salir del trauma experimentado, ya que la injusticia causada por el mal uso del poder de un líder ministerial duele de manera profunda. Como hemos dicho antes, una persona abusada espiritualmente puede estar tan abrumada por la vergüenza que le es difícil otorgar su confianza nuevamente.

El abuso espiritual no es un problema de la actualidad. Jesús se opuso al sistema religioso farisaico, discriminatorio y abusivo que sumía la gente en el miedo y la angustia. Él vino a libertar a los oprimidos, a insertar al marginado en la corriente de vida y libertad que proclamó. Su mensaje denunció a los doctores de ley y a los líderes religiosos de su tiempo: «*Ustedes aplastan a la gente bajo el peso de exigencias religiosas insoportables y jamás mueven un dedo para aligerar la carga*» (Lucas 11:46). A tales líderes religiosos, Jesús les dijo: «*Su adoración es una farsa porque enseñan ideas humanas como si fueran mandatos de Dios*» (Marcos 7:6-7). Sus enseñanzas eran vanas y nada tenían que ver con la Biblia ni con la voluntad de Dios. Los Evangelios exponen, claramente, que Jesús combatió esos abusos en su ministerio. Los apóstoles también experimentaron el abuso y persecución de los líderes religiosos de su época. Hoy, la Iglesia del Señor confronta la misma situación, de manera más sutil en algunos casos, de manera violenta en otros.

El abuso espiritual de estos líderes fraudulentos consiste en la manipulación de porciones extraídas de la Biblia para dar a sus ideas una apariencia de fundamento bíblico. De este modo, las Escrituras son sistemáticamente deformadas y nunca se traen en su verdadero contexto; asimismo, se falsea su interpretación para justificar acciones y someter al incauto, haciendo énfasis en un segmento de algún pasaje, exponiendo la interpretación que se quiere dar y filtrando a los oyentes lo que se desea que reciban. No hay lugar a ninguna otra interpretación, la del líder es norma y ley en la congregación. Ante tal situación, los feligreses se intimidan y se abstienen de preguntar o diferir, no sea que se encuentren yendo contra la Palabra de Dios. El abuso espiritual está plagado de tácticas manipulativas y de falsificación de la verdad bíblica.

Por otra parte, el líder religioso abusivo hace que el ambiente gire en torno a su persona, fomentando en los miembros de la comunidad el tenerlo como la figura a la que se debe obediencia en todo momento. Les hace creer que él es la autoridad suprema y que su voz es la de Dios. Una vez creadas todas esas condiciones, es relativamente fácil obtener lo que quiere de sus víctimas. Abusa de su autoridad, utilizando la ventaja que le proporciona la imagen que él mismo ha diseñado. Por cuanto al ser humano le agrada ser admirado —ya sea por su belleza, inteligencia o capacidades—, es fácil entender por qué el «culto a la personalidad» florece como una modalidad de abuso espiritual. El objetivo de este es reforzar la posición del líder, llevando un mensaje claro: «La única persona que importa soy yo». En cambio, los líderes auténticos reciben reconocimiento y respeto por ser ejemplos de integridad, por el servicio que prestan a la comunidad de fe y a la sociedad. Sin duda, dejan huellas a su paso y se les admira por su mensaje, su don de gente, su capacidad de comunicación y poder de convencimiento —características positivas si se usan para lo que contribuye al bien del grupo o de la organización. Por contraste, hay líderes en todos los ámbitos (político, educativo, religioso) que arrasan vidas a su paso, dejando heridas difíciles de sanar. Lo asombroso es que siempre consiguen seguidores.

El culto a la personalidad presenta varias características:

- ❖ Una exagerada devoción de los seguidores al líder.

- ❖ Presencia de un «enemigo común» que justifica su rol de líder dentro del grupo religioso.
- ❖ Se tilda de traidor y de ser «usado por Satanás» a todo el que difiera.
- ❖ Los problemas que surgen nunca son responsabilidad directa del líder.

La *National Geographic* hizo un experimento de cómo muchas personas son capaces de seguir a un supuesto líder que los induce a creer y seguir algo irreal y sin sentido, basándose en la teoría de que los seres humanos pensamos y actuamos como un rebaño de animales, cediendo nuestra capacidad individual de pensar para seguir, ciegamente, al resto del grupo, aunque sea al borde de un precipicio. Según la teoría, cuando el peligro parece inminente, las personas suelen dejar de guiarse por su propia lógica y comienzan a mirar lo que hacen los demás. La gran mayoría de las personas anda en busca de alguien a quién seguir, un líder que los guíe. Del otro lado, está el que quiere dirigir, el que busca estar al frente de un grupo de trabajo para ser su capitán, el que quiere llevar la voz cantante para dar órdenes y ser obedecido. A menudo, a base de persistencia, lo logra.

LA INTOLERANCIA RELIGIOSA

Durante una visita de Felipe IV a Sevilla, el fraile Hortensio de Paravicino, le dijo: «*De todo tiene la viña, Sacra y Real majestad, de todo tiene la viña: uvas, pámpanos y agraz*»[11]. Con estas palabras, Hortensio quería decirle al rey que en el mundo hay una gran diversidad: hay

---

[11] Sermón de la Viña dirigido al monarca Felipe IV en Sevilla en el año 1624.

frutos maduros, sarmientos y hojas, al igual que uvas inmaduras o verdes. La intolerancia religiosa es una forma de abuso espiritual que impulsa a tener una actitud hostil o agresiva hacia los que no tienen las mismas opiniones y creencias. Ejemplos recientes y preocupantes de este mal son: la aplicación de la ley *«sharia»* por jueces islámicos en África y Asia, la destrucción de las estatuas de Buda por los talibanes en Afganistán, las guerras religiosas en Irlanda y la reciente partición y limpieza étnica sobre la base de la religión en Yugoslavia. Incluimos con preocupación las afirmaciones de la extrema derecha de India en el sentido de que las minorías deben integrarse en la cultura de los hindúes. La reaparición de este pensamiento supone una amenaza para las sociedades que están construidas sobre la libertad e igualdad.

En Europa, se ha visto un preocupante renacimiento del antisemitismo, mientras en el mundo musulmán parece aumentar el atractivo de las formas radicales del islamismo. La intolerancia, generalmente, está cargada de odio con una intención deliberada de hacer daño, perseguir, humillar y degradar a los integrantes de un grupo discriminado. Jesús quiere que anunciemos las buenas nuevas de su Evangelio en todos los lugares, hasta lo último de la Tierra y, en medio de todo, nos enseñó el amor y el respeto al prójimo. Como creyentes, somos llamados a respetar a los que no creen ni piensan como nosotros, sean musulmanes, judíos o budistas. Fuimos creados a imagen y semejanza de Dios. Cada grupo religioso debe tener el mismo respeto con los que no piensan igual que ellos.

Pensemos en la libertad religiosa de la que gozamos en distintos países. ¿Cómo nos sentiríamos si no se nos permitiera practicar la fe que hemos adoptado? Cuando anunciamos el Evangelio de nuestro Señor, debemos hacerlo con la misma humildad y sensibilidad que él tuvo con la mujer samaritana: «*Créeme, mujer, pronto llegará el tiempo cuando, para adorar a Dios, nadie tendrá que venir a este cerro ni ir a Jerusalén*» (Juan 4:21).

¿QUÉ HACER ANTE EL ABUSO ESPIRITUAL?

Pascal Zivi y Jacques Poujol, autores del libro *Los abusos espirituales*, presentan algunas recomendaciones sobre qué hacer en caso de abuso espiritual:

a. **ACEPTAR AYUDA** - Es muy difícil dejar un grupo abusivo: la víctima está fragilizada, sufre y necesita ayuda. El acompañamiento permite identificar la mecánica del abuso y reconstruir, poco a poco, la propia identidad. Debemos entender que se trata de un proceso que conlleva tiempo.

b. **ABANDONAR EL GRUPO** - Si alguien ha sufrido abusos espirituales, no hay que intentar hablar directamente con el que abusa, ya que este buscará culpabilizar aún más a la víctima, tratará de impedir que abandone el grupo y le responsabilizará de todo lo que pasó. La mejor solución es alejarla del grupo para protegerla.

c. **PRESENTAR UNA DENUNCIA ANTE LAS AUTORIDADES DEL GOBIERNO** - Ningún pasaje de la Biblia enseña que un dirigente cristiano tenga derecho en nombre de Dios a cometer abusos sexuales o físicos. Al contrario, en la epístola a los Romanos, el apóstol Pablo afirma que todos los cristianos debemos amar y respetar al prójimo y respetar las leyes instituidas en el país: «*Toda persona debe someterse a las autoridades de gobierno, pues toda autoridad proviene de Dios, y los que ocupan puestos de autoridad están allí colocados por Dios. Por lo tanto, cualquiera que se rebele contra la autoridad se rebela contra lo que Dios ha instituido y será castigado. Pues las autoridades no infunden temor a los que hacen lo que está bien, sino a los que hacen lo que está mal*» (Romanos 13 1:3). En el versículo 4, Pablo precisa que los que obran mal deberán rendir cuentas de su conducta: «*pero si estás haciendo algo malo, por supuesto que deberías tener miedo, porque ellas tienen poder para castigarte*».

¿CÓMO AYUDAR A UNA PERSONA QUE HA SIDO VÍCTIMA DE ABUSO ESPIRITUAL?

Ayudamos a una persona que ha sido víctima de abuso espiritual cuando le acompañamos en su tiempo de angustia y desasosiego. Ayudar es amar y abrazar a la nueva persona en la que se ha transformado. Es posible que ese ser querido haya venido a ser una persona totalmente diferente. Aquel que era cercano, ahora se mantiene distante. Es preciso entender que ha estado en un lugar donde nosotros no estuvimos, ha sufrido abusos y manipulaciones que son difíciles de imaginar. Ha vivido lo que nosotros no hemos vivido. Esa persona ha perdido amigos, ha perdido lo que fue su círculo cercano; nosotros no hemos perdido ni nuestra iglesia ni nuestros amigos. Hasta cierto punto, esa persona ha perdido esperanza, confianza y varios años preciosos de su vida.

Ayudar es ofrecerle una bienvenida que transmita genuinidad si la persona opta por integrarse a nuestra congregación. En el idioma japonés, hay una expresión, «*Okaerinasai*» (おかえりなさい), que significa «feliz regreso». Esta expresión se dice cuando alguien vuelve a casa después de una ausencia algo larga. Este saludo está lleno de calor y amor tierno. Es reconfortante, después de una jornada de trabajo, encontrar a alguien que te diga: «estoy contento de verte otra vez». Si los creyentes asumimos una actitud semejante en genuinidad, empezaremos a sanar a aquellos que han sufrido abusos espirituales en las diferentes congregaciones. «Los pródigos volverán al hogar cuando la casa del Padre esté llena con el amor del Padre» (Porras y Parsons, 2008).

Veamos el caso del pastor John:

Consideremos la experiencia que vivió un pastor que llamaremos «John». Fue un líder sobresaliente que generaba mucha simpatía en la audiencia y se le consideraba un predicador de verbo elocuente, pero llamaba «enemigo de la obra» a cualquier persona que tuviera una opinión diferente a la suya. Estaba convencido —y así lo daba a conocer en sus predicaciones— de que había personas que se juntaban a escondidas para hablar en su contra. Al expresarse en esos términos, cargaba de culpa e incertidumbre a los oyentes. Cuando hacía llamados al arrepentimiento, los que pasaban al altar reflejaban temor. Aunque no tuviesen nada en particular de qué arrepentirse, en sus rostros se evidenciaba el peso de la condenación.

Uno de los textos que más citaba el pastor era: «*A no haber sido Jehová, por nosotros, vivo, nos hubieran tragado nuestros enemigos*». Parecía ver enemigos en todas partes, hasta en la congregación que dirigía. Basado en sus continuas sospechas, había desarrollado un sistema de «espionaje» dentro de la iglesia. Se sabe que una cultura legalista, donde se fomenta la crítica, alienta a las personas a ser falsas y vivir señalando las faltas de los demás. Los involucrados en la tarea de delatar a sus hermanos pensaban que hacerlo era un acto de lealtad al pastor. Nadie se atrevía a expresar ideas contrarias a las suyas por temor de ser acusado o marginado. Si alguien disentía, era declarado enemigo de la obra y señalado desde el púlpito, quedando degradado públicamente por la palabra del pastor. ¡Qué espectáculo tan deprimente! Muchos fueron víctimas de ese varón y sus vidas quedaron marcadas con experiencias de rechazo y murmuración. Un claro ejemplo de abuso espiritual.

Admitimos con dolor y vergüenza que hay falsos pastores que abusan, que no sienten ningún respeto o empatía por el rebaño. Pablo dijo a la iglesia de Éfeso: «*Yo sé que después de mi partida entrarán en medio de vosotros lobos rapaces, que no perdonarán al rebaño*» (Hechos 20:29). Igualmente, hay que reconocer que no solo hay pastores que abusan; también, hay miembros abusivos. Es un asunto serio y preocupante. Nadie llega a una iglesia para recibir abusos e insultos. Esto desvirtúa el cristianismo en su misma esencia. Jesús invita a venir a Él a los cargados y cansados. Les invita para recibir descanso. El abuso es la antítesis de ese propósito. La Iglesia es el cuerpo de Cristo, no una cueva de ladrones o de gente maltratante. La Iglesia debe ser centro terapéutico, empático y sanador; debe estar saturada de la paz del Señor.

Hay que regresar a la tarea sanadora de la Iglesia como comunidad constituida para adorar a Dios y fortalecer los lazos de comunión entre creyentes. El Dr. Ronald Enroth, profesor titular de Westmont College, que desarrolló parte de su trabajo en los campos de la investigación y la sociología de la religión y del comportamiento desviado, indica que las iglesias que abusan tienen un estilo de liderazgo orientado hacia el control. Los líderes de este tipo de iglesias usan la manipulación para lograr la sumisión total de sus miembros. Estos mantienen un estilo de vida rígido y legalista que incluye numerosos requisitos y detalles específicos de la vida diaria. Para evitar que sus miembros presten atención a las críticas de que podrían ser objeto, se adelantan desaprobando o descartando al resto de iglesias, a las que califican de ignorantes o liberales —una táctica claramente sectaria.

Las iglesias que abusan crean un complejo de persecución y se autoperciben como perseguidas por el mundo, los medios y otras iglesias cristianas. Esto dificulta que los miembros descontentos caigan en la tentación de salir de allí, un proceso que suele estar marcado por el dolor social, psicológico o emocional. Stephen Arterburn, fundador y presidente de New Life Clinics, y Jack Felton, terapeuta licenciado y ministro ordenado en New Hope Christian Counseling Center y presidente fundador del Compassion Move Ministries, son autores del libro *Toxic Faith*, donde exponen que la religión se vuelve tóxica cuando se convierte en un medio para controlar la vida de las personas. Aquellos que poseen una fe tóxica han cruzado la línea de una perspectiva equilibrada de Dios a una fe desbalanceada en un «Dios débil, impotente o indiferente». Estas personas buscan un «Dios» que arregle cada desastre, evite cada daño y solucione todos los conflictos. En el libro *Toxic Faith*, se distingue entre una fe saludable y una religiosidad equivocada que atrapa a los creyentes en una práctica adictiva de religión, y muestra cómo los ministerios desequilibrados, las iglesias equivocadas y los líderes sin escrúpulos, pueden alejar a sus seguidores de Dios y llevarlos a una experiencia desoladora de religión que lleva a muchos a la desesperación.

Veamos el siguiente ejemplo de coerción en la iglesia:

David, un hombre de sesenta y un años, treinta de ellos en el Evangelio, expresó que se le pidió que mintiera en el informe de tesorería que su iglesia debía rendir ante la organización. Recibió una fuerte presión para cambiar cifras en el reporte a petición de su líder, un acto contrario a los sanos procedimientos que les caracterizaban en años anteriores. Aunque David considera que no fue abusado espiritualmente, afirmó que sintió que se le intentaba forzar a hacer algo indebido. Al hacer saber que no se sentía cómodo ni que estaba en paz involucrándose en el asunto, sintió un rechazo firme por parte de algunos miembros de la congregación.

Johnson y Van Vonderen señalan que una de las dificultades de las víctimas de abuso espiritual es reconocer el abuso. Primero, porque se les ha enseñado que ellos son el problema y, segundo, porque sienten que denunciar el maltrato es deslealtad a Dios y a sus líderes. Entre los que se perciben como víctimas de abuso espiritual, la señal que más se manifiesta es la asociada al rechazo por parte de otros miembros de la congregación y al código de silencio que perdura a través del tiempo. Estudiosos del tema señalan, también, que los abusados han perdido, muchas veces, el sentido de lo que es normal; por lo tanto, llamarle a su situación «abuso espiritual», les resulta absurdo. Sin duda, se trata de elementos de negación, represión y vergüenza. Jeff Van Vonderen señala al respecto: «En ciertos sistemas religiosos, los pensamientos, sentimientos, deseos y necesidades de sus miembros no cuentan. No se responde a sus aspiraciones; por el contrario, están ahí para satisfacer las necesidades de sus dirigentes. Cuando esto ocurre en un grupo cristiano, se trata de abuso espiritual». El abuso espiritual es una violación hecha en nombre de Dios a la dignidad y a la estima de una persona, con prácticas que atentan contra la fe, la vida personal del creyente y/o su entorno familiar. Se trata de acciones que hieren al creyente con consecuencias desastrosas. El apóstol Pablo escribió a los ministros de la Iglesia, instruyéndoles sobre cómo pensar y comportarse: *«No como teniendo señorío sobre los que están a vuestro cuidado, sino siendo ejemplos de la grey»* (1 Pedro 5:3).

2) LA RELIGIOSIDAD

El **espíritu religioso** nunca se sacia, es un espíritu asesino bajo un camuflaje que hasta podría lucir agradable. En su libro *Los Generales de Dios*, Roberts Liardon expresa: «He dicho cientos de veces, y lo repetiré: "En todos mis viajes por el mundo, he encontrado toda clase de espíritus malignos y engañadores, pero nunca he visto un espíritu más mezquino y maligno que el espíritu de la religión. Se disfraza de tal modo que pensamos que estamos sirviendo a Dios. Su naturaleza es maliciosa, odiosa, celosa y maligna. Exige obras terribles que, finalmente, llevan a las personas al pecado, al error y a la tumba. Fue uno de los espíritus detrás de la traición de Jesús. De hecho, el espíritu religioso fue el más poderoso que enfrentó Jesús. Nunca se le puede satisfacer, ni jamás se agradará a Dios por medio de él». Consideremos algunas características del espíritu religioso:

BUSCA PROTAGONISMO

Enfatiza en hacer obras para mostrarle a otros cuánto se trabaja para Dios, impresionarlos y ganar aprobación.

ES ORGULLOSO

No le gusta asociarse con otros creyentes que tienen pensamientos y acciones diferentes a las suyas. Es elitista, no quiere que su moral superior se contamine por ellos.

SE NIEGA A ABRAZAR EL CAMBIO

Podría enfocarse tanto en lo que Dios hizo años atrás, que se estanca en una época. No puede moverse hacia adelante cuando el Espíritu Santo comienza a dar un nuevo entendimiento. En ciertos casos, no alcanza la generación joven y se torna irrelevante para la sociedad.

NO CONOCE NI ACEPTA LA GRACIA DE DIOS

Se enoja cuando el mensaje de la gracia amenaza con quitarle su religiosidad. Solo entiende que para ser salvo, además de tener a Cristo, hay que esforzarse por cumplir reglas y dogmas establecidos por los hombres. Cuando Pablo y Bernabé estaban en Antioquia de Siria, llegaron unos hombres de Judea y comenzaron a enseñarles a los creyentes: «*A menos que se circunciden como exige la ley de Moisés, no podrán ser salvos*» (Hechos 15:1). En ese mismo pasaje, un poco más adelante, se añade: «*Pero, después, algunos creyentes que pertenecían a la secta de los fariseos se pusieron de pie e insistieron: "Los convertidos gentiles deben ser circuncidados y hay que exigirles que sigan la ley de Moisés"*» (Hechos 15:5). En los versos 10 al 11, el apóstol Pedro, un poco incómodo, preguntó: «*¿Por qué ahora desafían a Dios al poner cargas sobre creyentes gentiles con un yugo que ni nosotros ni nuestros antepasados pudimos llevar? Nosotros creemos que todos somos salvos de la misma manera, por la gracia no merecida que proviene del Señor Jesús*». En otro pasaje bíblico, Pablo advertía a los gálatas acerca de los falsos maestros, quienes predicaban que, además de la fe en Cristo, necesitaban vivir según las reglas y tradiciones religiosas. El apóstol enseñaba que la ley siempre tuvo una intención: llevarnos más allá de nosotros mismos hasta aquel que nos da vida por su gracia, Cristo Jesús.

En su amonestación a los gálatas, Pablo los llama tontos o insensatos: «*¡Ay, gálatas!, ¡qué tontos son ustedes! ¡Hasta parece que estuvieran embrujados! Yo mismo les di una explicación clara de cómo murió Jesucristo en la cruz. Solo quiero que me digan una cosa, cuando recibieron el Espíritu de Dios, ¿fue por obedecer la ley o por aceptar la buena noticia? ¡Claro que fue por aceptar la buena noticia! Y si esto fue así, ¿por qué no quieren entender? Si para comenzar esta nueva vida necesitaron la ayuda del Espíritu, ¿por qué ahora quieren terminarla mediante sus propios esfuerzos? ¿Tantos sufrimientos para nada? Aunque no creo que no hayan servido de nada. Dios no les ha dado el Espíritu ni ha hecho milagros entre ustedes solo porque ustedes obedecen la ley. No. Lo hace porque ustedes aceptaron el mensaje de la buena noticia. La buena noticia les trajo libertad*» (Gálatas 3:1-3). «*Así que no abandonen esa libertad ni vuelvan nunca a ser esclavos de la ley*» (Gálatas 5:1).

El apóstol Pablo escribe a los creyentes de Colosas, diciéndoles: «*Ustedes han muerto con Cristo y él los ha rescatado de los poderes espirituales de este mundo.*

Entonces, ¿por qué siguen cumpliendo las reglas del mundo, tales como "no toques esto", "no pruebes eso", "no te acerques a aquello"? Esas reglas son simples enseñanzas humanas acerca de cosas que se deterioran con el uso. Podrán parecer sabias porque exigen una gran devoción, una religiosa abnegación y una severa disciplina corporal; pero a una persona no le ofrecen ninguna ayuda para vencer sus malos deseos» (Colosenses 2:20-23).

Un pastor a quien aprecié mucho y con quien dialogué en varias ocasiones, me expresó su frustración con la iglesia a la que le habían trasladado. Al preguntarle cómo se sentía en la nueva iglesia, me respondió con cierta incomodidad: «Esa iglesia va rumbo a desaparecer». Procedió a explicarme que cada vez que una persona hacía profesión de fe, los miembros de la congregación lo asediaban con las reglas, leyes o doctrinas de la iglesia. Esas reglas fueron creadas para los años 1950 a 1960 y habían cumplido su propósito. El pastor tenía un fuerte malestar con la actitud de la congregación, que en su mayoría estaba compuesta por adultos de la tercera edad. Lo más importante para los miembros de esa iglesia era que se cumpliera con el reglamento establecido. Para ellos, eso significaba pureza y santidad a Dios.

Una iglesia no puede crecer si no hay compasión para el nuevo creyente. La Palabra de Dios no cambia, pero hay que evaluar —constantemente— los métodos y estrategias para evangelizar, para lograr los objetivos. Lamentablemente, y luego de predicarse el Evangelio de la gracia de Dios por tanto tiempo, existen iglesias que no la entienden y transmiten una fe tóxica que raya en abuso contra los feligreses.

MANIPULA Y CONTROLA

El Dr. Patrick Zukeran, conferencista y pastor en Texas (Estados Unidos), coincide con algunas de las características anteriores. Además, destaca el énfasis del líder abusivo por tener el control para manipular a los miembros de su congregación. En su artículo *Iglesias Abusivas*, publicado en dos partes por Probe Ministries, Zukeran menciona dos rasgos de estos sistemas abusivos:

- ❖ Desaprueban las demás congregaciones.
- ❖ Desarrollan un complejo de persecución del cual se nutren para dar a entender que la mejor muestra de que son la iglesia verdadera es que son, supuestamente, perseguidas.

TRANSMITE UNA FE TÓXICA

Mientras Jesús hablaba con los discípulos, una multitud los rodeó. Ese día, Jesús trajo a colación el tema de la hipocresía. «*Mientras tanto, las multitudes crecieron hasta que miles de personas se arremolinaban y se atropellaban unas a otras. Jesús primero se dirigió a sus discípulos y les advirtió que tuvieran cuidado con la levadura de los fariseos, es decir, con su hipocresía: "Llegará el tiempo en que todo lo que está encubierto será revelado y todo lo secreto se dará a conocer a todos. Todo lo que hayan dicho en la oscuridad se oirá a plena luz y todo lo que hayan susurrado a puerta cerrada, se gritará desde los techos para que todo el mundo lo oiga"*» (Lucas 12). Aquí, Jesús dio a entender que la religión de los fariseos lucía bien desde afuera, pero era venenosa y mortal. El espíritu religioso es portador de hipocresía. **Veamos el caso de María Leticia:**

«Mi marido y yo participamos en la fundación de una iglesia local con un brillante pastor. Su verbo era elocuente y su conocimiento de las Escrituras nos llenaba de satisfacción. Seguirlo a él era seguir y obedecer a Jesús; al menos, así pensábamos. Lo seguíamos a todas partes y cualquier sacrificio que hiciéramos no pesaba en nuestro ánimo. Algunos miembros del grupo dejaron sus trabajos para servir mejor a la congregación. El líder nos decía que Dios supliría todas nuestras necesidades. Enfrentamos muchas dificultades, pero lo veíamos como algo normal. Entendimos que era parte del sufrimiento que acompaña a los cristianos que quieren agradar a Dios. Pasados unos años, comprendimos que su enseñanza no era del todo bíblica, pues nos decía que él era nuestro guía espiritual, que había que seguirle y obedecerle sin discutir. Llegamos a pensar que el amar y seguir a nuestro pastor equivalía a cumplir la voluntad de Dios y, durante años, pensé que mi pastor era la persona a la que más quería. Incluso, tuve serias discusiones con mi esposo por querer seguir las instrucciones de mi pastor. Estaba feliz y satisfecha de sacrificarlo todo por él, porque creía que era lo que cualquier cristiano debía hacer. Con los años, nos fuimos decepcionando y decidimos movernos de esa iglesia, pero salimos marcados por el dolor y heridos por las decisiones incorrectas que habíamos tomado. Hoy, nuestros ojos ven un poco más claro y entendemos que tomamos la decisión correcta al salir de aquella iglesia. Nuestro error fue poner la mirada en un pastor carismático, elocuente y manipulador. Al presente, podemos decir que Dios nos ha restaurado».

Desgraciadamente, muchos cristianos han vivido esta clase de experiencias en las iglesias. El abuso espiritual les dejó grabadas huellas que perduran. Cuando las personas salen de una congregación similar a la que asistió María Leticia, al principio, pueden sentirse desorientadas, culpables y, hasta cierto punto, necias por haberse permitido vivir esa experiencia. Es importante que la persona sepa que lo sucedido no es su culpa, aunque es cierto que el engaño fue a costa de sí mismo y se dio por el exceso de confianza en una persona que le hizo creer que seguirle era lo mismo que servir a Dios. Al salir de esa experiencia, hará falta recibir ayuda. En lo profundo, con toda seguridad, está el anhelo de congregarse, pero, por otro lado, la víctima no desea hacerlo por temor a repetir las pasadas experiencias. Muchos de los que han vivido situaciones similares manifiestan esta disyuntiva. En estos casos, es necesario que la persona afectada entienda lo siguiente:

- ❖ No todas las papas que están en el saco están podridas. Por el contrario, la mayoría está sana. De igual manera, no todas las iglesias, pastores o líderes están dañados.
- ❖ No debe sentirse culpable de haber sido víctima. La responsabilidad recae sobre el manipulador que echó mano de todos sus recursos para controlar a esa persona y a otros más.
- ❖ Los dones que el Señor ha depositado en su vida continúan vigentes y, en algún momento, deben ser puestos al servicio de Dios y de su nueva congregación.
- ❖ Es aconsejable que siga congregándose en el lugar de su preferencia. El hecho de haber pasado por una experiencia negativa no debe ser motivo para no buscar otra congregación. No hay iglesia perfecta, pero la mayoría de las congregaciones cumplen los objetivos bíblicos por los cuales existen.
- ❖ No debe descuidar el estudio de la Biblia. La Biblia es la verdad, la Palabra de Dios. El conocimiento bíblico nos permite desmantelar cualquier enseñanza falsificada.
- ❖ Conviene aplicar el método de la iglesia de Berea: «*Los de Berea (ciudad al norte de Grecia) tenían una*

mentalidad más abierta que los de Tesalónica (Grecia) y escucharon con entusiasmo el mensaje de Pablo. Día tras día, examinaban las Escrituras para ver si Pablo y Silas enseñaban la verdad» (Hechos 17:11).

Será imprescindible buscar con determinación a Dios porque tener una relación con Dios no es lo mismo que ser religioso. Una relación con Dios equivale a entender nuestra necesidad de Él, admitiendo que somos pecadores y pidiéndole que gobierne nuestros corazones y dirija nuestras vidas. Muchas personas han reemplazado la relación con Dios con seguir a un determinado líder religioso o vivir conforme a una cantidad de normas religiosas. El espíritu religioso tiene apariencia de piedad, pero no tiene fruto de vida que nos permita crecer y ayudar a los demás. Tiene la apariencia de amor a Dios, pero no alcanza a amar al prójimo. No tiene misericordia ni produce frutos dignos de un verdadero arrepentimiento.

El apóstol Pablo lo define así: «*Habrá gente egoísta, interesada, solamente, en ganar más y más dinero. También, habrá gente orgullosa que se creerá más importante que los demás. No respetarán a Dios ni obedecerán a sus padres, sino que serán malagradecidos y ofenderán a todos. Serán crueles y violentos, no podrán dominar sus malos deseos, se llenarán de odio, dirán mentiras acerca de los demás y odiarán todo lo que es bueno. No se podrá confiar en esos orgullosos porque actuarán sin pensar. En vez de obedecer a Dios, solo harán lo que les venga en gana. Dirán que aman y respetan a Dios, pero, con su conducta, demostrarán lo contrario. No te hagas amigo de esa clase de gente*» (2 Timoteo 3:2-5).

Estamos ante un **espíritu religioso** cuando:

A. SE JUZGA A OTROS POR SU APARIENCIA

Movido por el Espíritu Santo, Manuel llegó a una iglesia. Tenía tatuajes en los brazos, un «*piercing*» en la lengua y el cabello un poco largo. La iglesia no aprobó su apariencia, por lo tanto, no lo hizo sentirse bienvenido. Lo evaluó por su exterior, colocándolo en la categoría de un joven callejero o, quizás, un maleante. Manuel sintió el rechazo y dejó de asistir a los servicios de la congregación. Debemos plantearnos cómo trabajar con los jóvenes que llegan a nuestras iglesias con características semejantes.

B. SE EXALTAN LOS CAMBIOS EXTERNOS Y NO LOS INTERNOS

«*Actuarán como religiosos, pero rechazarán el único poder capaz de hacerlos obedientes a Dios*» (2 Timoteo 3:5). Si la persona cumple con reglamentos establecidos por la iglesia, como, por ejemplo, que la mujer no use maquillaje ni lleve aretes y use vestidos largos, y que el hombre no lleve barba, se concluye que la persona está en una «sana doctrina[12]». Para algunos, la apariencia es el mejor indicador de que su relación con Dios es buena.

---

[12] Crecí en una iglesia de sana doctrina y, continuamente, reiteraba que lo era. Pero ¿qué significa eso? La palabra «doctrina», en términos llanos, significa «enseñanza». El apóstol Pablo, en la primera carta a su discípulo e hijo espiritual Timoteo, le exhortaba a no prestar atención a fábulas o historias, esas que conducen a discutir, pero no a edificar. El término «sano» está estrechamente relacionado con salud —estar libre de enfermedad—, por lo que la sana doctrina es una enseñanza no contaminada o enferma. En la carta que escribe Pablo a Timoteo, le dice: «*Toda Escritura —Biblia— es inspirada por Dios y útil para enseñar, para reprender, para corregir, para instruir en justicia a fin de que el hombre de Dios sea perfecto, enteramente instruido para toda buena obra*» (2 Timoteo 3:16-17). La «sana doctrina» es aquella enseñanza que exalta a Cristo, la que condena y aborrece el pecado; la que enseña que, para ser

C. SON DUROS CRÍTICOS DE OTROS CREYENTES

Aplastan a la gente bajo el peso de exigencias religiosas insoportables y jamás mueven un dedo para aligerar la carga. Todo lo que hacen es para aparentar: «*Todo lo que hacen es con el fin de hacerse notar*» (Mateo 23:5).

Veamos, ahora, el caso de Aurora:

Aurora asistía con regularidad a una iglesia junto a su esposo. Al nacer su primer niño, decidió permanecer en el hogar por cuarenta días al cuidado del pequeño. La cuarentena después de un parto fue una práctica que perduró por años en Puerto Rico. Al regresar a la iglesia, una hermana se levantó «en profecía» y, delante de todos los presentes, la señaló como una cristiana que deshonraba a Dios por quedarse tanto tiempo en su casa en lugar de ir a la iglesia. En su «profecía», le indicó que Dios le iba a quitar la vida al niño. ¿Se imagina usted la angustia y ansiedad de Aurora y de su esposo? Nada de lo profetizado ocurrió, pero es un ejemplo de que otros creyentes son los duros críticos que enfrentamos en las iglesias. Son muchos los que no entienden la gracia de Dios.

---

hijos de Dios, es necesario confesar que Jesucristo es el Hijo de Dios y recibirlo como Señor y Salvador. Pablo exhorta a los creyentes en Cristo a crecer en el conocimiento de las Escrituras. En Efesios 4:14-15, dice: «*para que ya no seamos niños fluctuantes, llevados por doquier de todo viento de doctrina, por estratagema de hombres que, para engañar, emplean con astucia las artimañas del error, sino que, siguiendo la verdad en amor, crezcamos en todo aquel que es la cabeza, esto es, Cristo*». Si una iglesia o congregación cristiana no estuviera enseñando conforme a la Biblia, entonces, no está con una sana doctrina.

En resumen, hay espíritu religioso cuando:

- ❖ La vida religiosa está llena de actividades que causan la impresión de agradar a Dios, pero la relación con Dios es superficial.
- ❖ Se dedica mucho tiempo a las cosas de Dios, pero poco tiempo a Dios.
- ❖ No hay una relación profunda con Dios, ni hambre y/o sed de Él.
- ❖ Se busca la honra del hombre más que la de Dios. Hay atracción hacia posiciones y reconocimientos. Llenos de títulos, pero vacíos de Dios. ¡Qué muchos apóstoles, doctores y capellanes tenemos en las iglesias!

Pueden ser buenos predicadores, conocedores de la Biblia y dominar el vocabulario cristiano, y pueden saber cómo actuar y proyectarse, pero su andamiaje religioso, que no está cimentado sobre la Roca, no prevalecerá. «*Tarde o temprano, el fundamento revela si se ha edificado sobre roca o sobre arena*» (Mateo 7:24-25). El espíritu religioso es lo más mezquino y maligno dentro del ámbito religioso. Es un espíritu camaleónico que se disfraza de un modo peculiar, dando la apariencia de que se sirve a Dios.

Dios nos llama a servir como lo hizo con Pedro; a «bogar mar adentro»; a experimentar su paz y su infinito amor; a conocerle de cerca. Cuando la integridad del cristiano brilla por su ausencia, no habrá fruto eterno. Se hace imperativo volver nuestro rostro a Dios y pedirle que nos tome de su mano para caminar juntos el resto de nuestra jornada en la tierra de los vivientes. El Salmo 26:2-3 nos invita a hacer ese ejercicio: «*Escudríñame, oh, Jehová, y pruébame. Examina mis íntimos pensamientos y mi corazón. Porque tu misericordia está delante de mis ojos. Y ando en tu verdad*» (Salmos 26:2-3). Si no estamos dispuestos a seguir las instrucciones divinas, somos religiosos, puramente religiosos.

EL FRUTO DEL ESPÍRITU RELIGIOSO

En la Iglesia del Señor, ocasionalmente, se presentan situaciones controvertibles, principalmente, respecto a interpretaciones doctrinales. Debe haber espacio para escuchar opiniones y paciencia para los de lento crecimiento espiritual. Disentir no necesariamente es desafiar, puede haber dudas que necesitan ser aclaradas o maneras diferentes de ver las cosas. No debe prevalecer un estado o espíritu de temor que impida cuestionamientos, cuando la intención es el aprendizaje y el crecimiento de la Iglesia. Obstaculizar la diferencia de criterios impide que se aprovechen los buenos aportes de personas bien intencionadas que, con todo respeto, presentan argumentos sólidos sobre algún punto. Por otra parte, no es correcto ni saludable disentir por el mero hecho de llevar la contraria o contradecir al pastor o a los demás. El propósito debe ser considerar otras soluciones a los problemas que surgen. Si nuestros argumentos o propuestas no sirven para brindar algo mejor, probablemente, no sirva de mucho disentir.

«La verdadera tarea de los pastores humanos es conducir a la gente hacia el Gran Pastor, Jesucristo, y enseñarles cómo ser sus discípulos, en sumisión a Él y a su autoridad» (Steven Lambert, 2008). En lugar de esto, los **líderes excesivamente autoritarios** conducen a las personas hacia sí mismos, adoctrinándoles para que sean sus propios seguidores, totalmente sumisos a su autoridad, solo fingen o manifiestan ser señores, maestros y/o salvadores. El concepto de que el líder de la iglesia es el «paraguas espiritual» del grupo es totalmente falso y, claramente, contrario a la Biblia. Si una persona es convencida de que, al salir de cierto grupo, quedará desprotegida, desamparada, sin defensa alguna, acarreando como resultado maldiciones y otras espantosas consecuencias, algo anda terriblemente mal. «Es una tragedia que de un púlpito salgan historias de miedo sobre lo sucedido a esta o aquella persona o familia porque se alejaron del grupo sin la bendición y la aprobación de su autoridad espiritual. En estos casos, la autoridad de los pastores se presenta como absoluta, sacrosanta e inviolable, es decir, no rinden cuenta alguna. Se espera de los feligreses una obediencia ciega e incondicional a sus deseos. Los miembros viven bajo la constante amenaza de ser señalados con la letra escarlata «R» de «rebelde», o que se les denuncie y avergüence abiertamente desde el púlpito, y, consecuentemente, la «comunidad» les rehúya por no ser capaces de cumplir las expectativas y reglas no escritas ni expresadas que establecen los líderes» (Steven Lambert, 2008).

ANTÍDOTO PARA LA RELIGIOSIDAD

Conociendo y entendiendo la Palabra de Dios sabemos que:

- ❖ **Somos llamados a bendecir** – «*No finjan amar a los demás; ámenlos de verdad. Aborrezcan lo malo. Aférrense a lo bueno. Ámense unos a otros con un afecto genuino y deléitense al honrarse mutuamente. No sean nunca perezosos, más bien trabajen con esmero y sirvan al Señor con entusiasmo. Alégrense por la esperanza segura que tenemos. Tengan paciencia en las dificultades y* *sigan orando. Estén listos para ayudar a los hijos de Dios cuando pasen necesidad. Estén siempre dispuestos a brindar hospitalidad. Bendigan a quienes los persiguen*» (Romanos 12:9-14).

- ❖ **Rechazamos la maldición** - «*No los maldigan, sino pídanle a Dios en oración que los bendiga. Alégrense con los que están alegres y lloren con los que lloran. Vivan en armonía unos con otros. No sean tan orgullosos como para no disfrutar de la compañía de la gente común. ¡Y no piensen que lo saben todo! Nunca devuelvan a nadie mal por mal. Compórtense de tal manera que todo el mundo vea que ustedes son personas honradas. Hagan todo lo posible por vivir en paz con todos. Queridos amigos, nunca tomen venganza. Dejen que se encargue la justa ira de Dios. Pues así dicen las Escrituras: "Yo tomaré venganza; yo les pagaré lo que se merecen, dice el SEÑOR"*» (Romanos 12:14-19).

3) INSENSIBILIDAD PASTORAL

La **insensibilidad pastoral** tiene que ver con falta de tacto e indiscreción de parte de la figura pastoral, que puede colocar a una persona en una posición vulnerable o comprometedora. Podría ocurrir que el pastor, rompiendo la confidencialidad que un congregante ha depositado en su persona o conociendo un problema o situación de alguien en particular, haga alusión pública al mismo en su mensaje. Esto altera dramáticamente la atmósfera de la congregación, que —en muchas ocasiones— intuye a quién se refiere. Esta mala práctica fomenta la murmuración, el falso sentido de superioridad espiritual, las pobres relaciones entre hermanos en la fe, y aísla a la persona de referencia.

También, podría tratarse de que, a través de sus prédicas, el pastor castigue, ya sea a una persona, a una familia o la congregación en pleno. Cuando es así, sus mensajes destilan acusación, amargura, ira o resentimiento. Si es deplorable que a una persona se le grite o humille en privado o en cualquier circunstancia, cuánto más si se hace en público o desde el púlpito de una iglesia. No hace falta tener discernimiento espiritual para darse cuenta de lo nocivo de estas prácticas y el resentimiento y tristeza que pueden llegar a causar. Muchos autoproclamados pastores tendrán que dar cuentas al Dios vivo por la manera en que han golpeado el Cuerpo de Cristo, gobernando con señorío y mostrando una grave carencia de misericordia. «*Con misericordia y verdad se corrige el pecado*» (Proverbios 16:6).

4) LA ENSEÑANZA DE «OTRO» EVANGELIO

«*Estoy maravillado de qué tan pronto os hayáis alejado del que os llamó por la gracia de Cristo, para seguir un Evangelio diferente. No que haya otro, sino que hay algunos que os perturban y quieren pervertir el Evangelio de Cristo. Mas si aun nosotros o un ángel del cielo os anunciaren otro Evangelio diferente del que os hemos anunciado, sea anatema. Como antes hemos dicho, también ahora lo repito: Si alguno os predica diferente Evangelio del que habéis recibido, sea anatema*» (Gálatas 1:6). Dicho en otras palabras, no hay otro Evangelio. El apóstol Pablo reprendió a los corintios por permitir que esto ocurriera: «*Si alguien llega a ustedes predicando a un Jesús diferente del que les hemos predicado nosotros, o si reciben un espíritu o un Evangelio diferentes de los que ya recibieron, a ése lo aguantan con facilidad»* (2 Corintios 11:4).

Lo escrito por el apóstol Pablo es algo que nos ha tocado vivir a los creyentes de la actualidad. El «Jesús» popular entre los no creyentes del Siglo XXI no es el verdadero Jesús que expone el Santo Evangelio. Tampoco lo es el «Jesús» de éxito que presentan los pensadores positivos. Necesitamos discernir lo auténtico de lo falso. A los empleados de la banca, se les enseña a identificar un billete falso. ¿De qué manera? Utilizando billetes verdaderos con los que practican constantemente. Llegan a conocerlos tan bien que, solo de palpar un billete falso, lo identifican. La manera de reconocer a un falso «Jesús» es conocer al verdadero Jesús. Esto solo se logra pasando tiempo con Él.

Pablo, hablando sobre los últimos tiempos, advirtió a la Iglesia sobre aquellos que predicarían a otro Jesús u otro Evangelio. Les llamó «anatema» (Gálatas 1:8). Hoy se predica a un Jesús muy diferente del Pastor que da la vida por sus ovejas. En algunos casos, se manipula a las personas para mantenerlas sujetas bajo el temor e ignorancia bíblica. Muchas congregaciones parecen estar regidas por un señor feudal, a quien hay que rendir pleitesía como líder, requiriendo su permiso para cosas tan sencillas como salir de vacaciones o ausentarse de algún servicio, porque han llegado de visita unos hijos que hace tiempo no ven. En esa categoría de liderazgo, no hay espacio para discutir ideas o decisiones, pues viene a ser un régimen de terror en el que *«no se puede tocar al ungido de Jehová»* —una expresión, obviamente, sacada de contexto y usada para manipular. En otros lugares, se proclama a un Jesús que no encontramos en las Escrituras: uno que no murió, sino que se fue a la India o al Tíbet. Otros más imaginativos señalan que se fue a Francia con María Magdalena, dando origen a la dinastía merovingia, que gobernó lo que es la actual Francia, Bélgica, Suiza y una parte de Alemania entre los siglos V y VIII. De esta y muchas otras maneras se van creando OTROS EVANGELIOS desprovistos de la claridad, sencillez, dependencia y obediencia que, claramente, nos presenta el Nuevo Testamento.

A menudo, se escucha hablar de «prosperidad», «pacto», «sembrar la semilla», «diezmar» y/u «ofrendar». El énfasis en cada caso es el dinero. No en balde, el apóstol Pedro advierte de la apostasía de los últimos tiempos: «*Pero hubo, también, falsos profetas entre el pueblo, como habrá entre vosotros falsos maestros que introducirán, encubiertamente, herejías destructoras y negarán al Señor que los rescató, atrayendo sobre sí mismos destrucción repentina. Y muchos seguirán sus disoluciones, por causa de las cuales el camino de la verdad será blasfemado y, por avaricia, harán mercadería con palabras fingidas. Sobre los tales, ya de largo tiempo, la condenación no se tarda, y su perdición no se duerme*» (2 Pedro 1:1-3).

Tomando ventaja de la confusión e ignorancia bíblica que existe en muchos lugares, no es de extrañar que se manifieste en ciertas congregaciones «otro espíritu» que algunos confunden con el Espíritu Santo, quien es fuente de poder y gracia de Dios. «*Por medio del Espíritu, a unos les concede que hablen con sabiduría; y a otros, por el mismo Espíritu, les concede que hablen con profundo conocimiento. Unos reciben fe por medio del mismo Espíritu, y otros reciben el don de curar enfermos. Unos reciben poder para hacer milagros, y otros tienen el don de profecía. A unos, Dios les da la capacidad de distinguir entre los espíritus falsos y el Espíritu verdadero, y a otros, la capacidad de hablar en lenguas; y todavía a otros les da la capacidad de interpretar lo que se ha dicho en esas lenguas.*

Pero todas estas cosas las hace con su poder el único y mismo Espíritu, dando a cada persona lo que a él mejor le parece» (1 Corintios 12:8-11). La confusión viene porque en cultos paganos y doctrinas de error se dan manifestaciones similares, pero jamás iguales a las de un culto cristiano. La Biblia se expresa al respecto: «*Pero había un hombre llamado Simón que antes ejercía la magia en aquella ciudad y que había engañado a la gente de Samaria, haciéndose pasar por alguien importante. A este oían atentamente todos, desde el más pequeño hasta el más grande y decían: "Éste es el gran poder de Dios"»* (Hechos 8:9-10).

«*¿Dónde están los creyentes que, como los de Berea, con diligencia, escudriñen, cada día, las Escrituras para discernir si lo que se les enseña es, realmente, la Palabra de Dios?»* (Hechos 17:11). La ignorancia bíblica es fatal, el pueblo perece por falta del conocimiento escritural. El pastor debe dar máxima atención a que el pueblo conozca y entienda las Sagradas Escrituras. Nuestro lema debiera ser: «Volvamos a la Biblia». Hoy, en algunas iglesias abundan las experiencias emocionales, pero hay poco conocimiento de las Escrituras. La fe y el conocimiento no provienen de las emociones, sino de la Palabra de Dios. «*Así que la fe es por el oír, y el oír, por la Palabra de Dios»* (Romanos 10:17). Las predicaciones frenéticas, música estridente y testimonios dramáticos estimulan las emociones de los oyentes. Muchos, habituados a esto, piensan que, si no se da este tipo de manifestaciones en la iglesia, no hubo presencia de Dios. Son adictos a la búsqueda de nuevas experiencias que enciendan sus emociones. El **emocionalismo** distorsiona el verdadero Evangelio porque desvía al hombre de lo que produce la fe: la Santa Palabra. El apóstol Pablo nos advierte que: «*El Espíritu (Santo) dice, claramente, que, en los últimos tiempos, algunos apostatarán de la fe, escuchando a* *espíritus engañadores y a doctrinas de demonios*» (1 Timoteo 4:1).

¿Qué mejor manifestación de la obra del Espíritu Santo que la que expresa la Escritura? «*Mas el fruto del Espíritu es amor, gozo, paz, paciencia, benignidad, bondad, fe, mansedumbre, templanza; contra tales cosas no hay ley*» (Gálatas 5:22-23). Cuando las enseñanzas traídas a la congregación no guardan relación con la verdad bíblica, se induce al creyente al error, ya sea por ignorancia o con pleno conocimiento de causa. Si es un hecho intencional, el objetivo de ese líder siempre será obtener alguna ventaja personal y controlar a las personas a través de reglas humanas que van por encima de la sana doctrina y del verdadero Evangelio de Cristo, sometiéndoles a cargas difíciles de llevar, recurriendo al sentido de culpa y/o vergüenza para retenerle en la congregación.

La Reforma Protestante iniciada con Martín Lutero exhortaba al pueblo cristiano a regresar a las enseñanzas originales de la Biblia, situación que produjo, eventualmente, una reestructuración de las iglesias cristianas en Europa. Lutero se sumergió en el estudio concienzudo de la Biblia, en el cual, ciertos términos, como «penitencia» y «probidad»[13], cobraron —para él— un nuevo significado. Quedó convencido de que la Iglesia había perdido la visión de varias verdades centrales del cristianismo, particularmente, la doctrina de la justificación por la fe. Comenzó, por lo tanto, a enseñar que la salvación es un regalo de Dios, dado por la gracia a través de Cristo y recibido, solamente, por la fe. Cuando una iglesia predica y enseña «otro Evangelio», esto constituye una desviación doctrinal. Definitivamente, es una razón válida para moverse de iglesia.

---

[13] El sustantivo «probidad» equivale a honradez, integridad y rectitud.

5) AUSENCIA DE INTEGRIDAD EN EL MINISTERIO PASTORAL

La **integridad** se define, en el sentido más fundamental, como «estar completo; entero». Significa que la persona es congruente con lo que es, cree, dice y hace; que no existe discrepancia entre lo que se ve externamente y lo que es en esencia. La vida del cristiano está basada en vivir lo que cree y caminar de acuerdo con lo que enseñan las Sagradas Escrituras. El **íntegro** es capaz de admitir sus errores, no los encubre y acepta las consecuencias. Somos llamados a vivir una vida de integridad porque Dios es veraz y recto. El profeta Jeremías dijo: «*Recorred las calles de Jerusalén y, mirad ahora e informaos, buscad en sus plazas si halláis hombre, si hay alguno que haga justicia, que busque verdad; y yo la perdonaré. Aunque digan "Vive Jehová", juran falsamente*» (Jeremías 5:1-2). Si el liderato de una iglesia no camina en integridad ni presenta frutos de arrepentimiento, es comprensible y aconsejable que un creyente se mueva de ese lugar.

El apóstol Pablo recalca el concepto de integridad, presentándose a sí mismo como ejemplo: «*Vosotros sabéis cómo me he comportado entre vosotros todo el tiempo, desde el primer día que entré en Asia, sirviendo al Señor con toda humildad y con muchas lágrimas y pruebas que me han venido por las asechanzas de los judíos*» (Hechos 20:18-19). Algunas personas se retiran de sus iglesias porque han descubierto la doble vida de sus líderes. Se llevan la desagradable sorpresa de que, quien debía ser modelo y ejemplo de su compromiso con Cristo, vive una mentira y no a la altura del mensaje que predica. En ciertos casos, se ha tratado de alguna experiencia extramarital. El juego peligroso de este tipo de situaciones, por mínimo que sea, suele traer consecuencias lamentables y, a veces, irremediables en la trayectoria de un ministro del Señor, porque revelan una inaceptable doble vida.

Es indispensable que un líder espiritual sea tan recto en privado como lo es en el púlpito; que viva lo que enseña. La autoridad del predicador proviene de una auténtica vivencia de la Palabra de Dios. La infidelidad conyugal trae serias consecuencias, entre ellas, la ausencia de paz por temor a ser descubierto. Por otra parte, se crea un patrón de mentiras para salir airoso, se afectan seriamente las finanzas y se expone a la pérdida del matrimonio y el hogar por una aventura sentimental. Podemos concluir, sin lugar a duda, que cuando Dios estableció en Su Palabra la importancia de la fidelidad matrimonial, fue para garantizar nuestro bienestar.

No hay nada comparable a vivir en paz, tranquilo y disfrutando de estabilidad en todos los aspectos de la vida —lo económico, emocional, familiar y, sobre todo, lo espiritual. Nunca se arriesga el hogar por un simple placer momentáneo. Es imprescindible valorar lo que tenemos en casa y cuidarlo como el mayor tesoro que Dios nos ha entregado en esta tierra: nuestro cónyuge y nuestra familia. Como dijo Charles Spurgeon: «Nadie es más miserable que aquel que peca secretamente, pero trata de preservar la imagen delante de los hombres».

6) Ministerio pastoral sin compromiso

El poder o fuerza de una iglesia local, independientemente de su tamaño u organización, es la suma del **compromiso** de todos sus miembros y, en particular, de su pastor. En algunos casos, el líder, más que un pastor, es un asalariado de la congregación que no socializa con el pueblo, que cumple con un horario y, luego, desaparece hasta el próximo servicio. Eso es un pastor «invisible». Está claro que un pastor así no ama su ministerio ni la gente que tiene bajo su cuidado. Cuando no hay un compromiso genuino para apoyar a otros, lograr un crecimiento de la iglesia, afirmarla en la fe o buscar un avivamiento, el pastor se conduce como un empleado de la congregación o como cualquier otro miembro. El resultado final es que no deja huellas de vida ni de compromiso en la grey que pastorea. Si alguna marca deja, es una de decepción y frustración.

El ministerio de Jesús siempre alcanzó a las personas en el punto en que se encontraban. El Maestro no ignoró la necesidad, debilidad y angustia de las multitudes. Por el contrario, las tuvo presentes en su ministerio. «*Al ver las multitudes, tuvo compasión de ellas porque estaban agobiadas y desamparadas, como ovejas sin pastor*» (Mateo 9:36). El ministerio pastoral tiene que reflejar la vida de Jesús. Esto demanda una cercanía con el pueblo, desde los ancianos hasta los niños. No se puede esperar menos.

7) DISCIPLINA DESPROPORCIONADA

El ser humano, no importa quién sea o dónde esté, comete errores. A los líderes de las iglesias les toca, a menudo, trabajar con casos que ameritan corrección. «*Hay seis cosas que el Señor odia. No, son siete las que detesta: los ojos arrogantes, la lengua mentirosa, las manos que matan al inocente, el corazón que trama el mal, los pies que corren a hacer lo malo, el testigo falso que respira mentiras y el que siembra discordia en una familia*» (Proverbios 6:16-19). Muchos pastores han tenido que lidiar con una o más de las acciones que menciona este pasaje de Proverbios.

¿Cómo enfrentar a la persona mentirosa o que siembra la discordia en la iglesia? La disciplina correctiva ayuda a que la persona reflexione y enmiende su manera de actuar, pero **corrección** y **castigo** no es lo mismo. Cuando se emplea el castigo severo o se impone una **disciplina desproporcionada**, la persona se abruma y su ánimo se abate. Esto podría tener como efecto el que la persona se marche de la iglesia. En ese caso, se sale con amargura, tristeza y con heridas del alma y del corazón.

Veamos el ejemplo de Juan:

A finales de la década del 1950, la iglesia en la que se congregaba Juan le impuso un periodo de disciplina. Juan era un hombre recto que amaba a Dios y le servía fielmente. La medida disciplinaria lo excluía de participar activamente de los servicios de la iglesia. Por cinco años consecutivos, no se le permitió predicar, dirigir una oración o expresar testimonio público alguno. Su nombre, incluso, fue eliminado del registro que la iglesia utilizaba para el pase de lista semanal, cosa que estaba reservada solo para miembros activos de la Sociedad de Caballeros. En fin, Juan no estaba autorizado a hacer nada en la congregación, excepto asistir regularmente, dar diezmos y ofrendas y cumplir sentado en una banca su periodo disciplinario. Era como si no existiera, como si fuera invisible. ¿Cuál fue la ofensa para merecer cinco años de disciplina? Permitir que su esposa se operara para no tener más hijos. La realidad de la situación hogareña era que ya tenían seis niños y era una familia con serias limitaciones económicas.

Si hoy se aplicara disciplina en la iglesia por esta causa, habría que incluir probablemente al 90% de los miembros. Los tiempos han cambiado. Juan cumplió las medidas que le impusieron y asistió a su iglesia hasta el fin de sus días. De no haber tenido la madurez, el amor al Señor y la presencia de ánimo para permanecer, quizás Juan habría salido de su iglesia resentido y amargado o habría sido uno más destinado al dolor y rechazo por una medida injusta y excesiva.

8) BUROCRACIA ASFIXIANTE

Hay iglesias llenas de estatutos y extensas formalidades, donde hablar con el pastor es, prácticamente, imposible. Algunos pastores hasta han reclutado «escuderos» para que nadie se les acerque o los toque. El protocolo exige que, antes de tener acceso a él, se hable con el ayudante del ayudante del primero que vimos. En otros casos, para bautizarse, hay que hacer meses o años de preparación. Para pertenecer a algún grupo de estudio, hay que esperar un largo turno; para tomar la santa cena, hay que hacer otro tanto. Estatutos, leyes, consultas, protocolos, ayudantes, juntas, asambleas, en fin, burocracia y reuniones donde se discute todo y se pierde mucho tiempo.

«*Y yendo por el camino, llegaron a cierta agua y dijo el eunuco a Felipe: "Aquí hay agua… ¿Qué impide que yo sea bautizado?". Y ambos bajaron al agua y Felipe lo bautizó*» (Hechos 8:36-38). ¿Alguien le dijo a Felipe que no podía bautizarse hasta que no tomara varios cursos de discipulado o pudiera entender mejor el alcance de su decisión? A pesar de lo dicho anteriormente, reconocemos que es bueno y saludable que la persona que va a ser bautizada conozca por qué lo hace; bíblicamente, debe ser instruida. El punto para destacar es que, a veces, los requisitos que imponemos a las personas que desean perseverar en la Iglesia, parecen obstaculizar más que facilitar.

9) RIGIDEZ RELIGIOSA

«*Los judíos —y en especial los fariseos— siguen la costumbre de sus antepasados, de no comer sin antes lavarse las manos debidamente. Cuando llegan a sus casas después de haber ido al mercado, no comen nada de lo que compran allí sin lavarlo bien*» (Marcos 7:3). Cierto día, se acercaron a Jesús algunos fariseos y maestros de la ley que habían venido de Jerusalén. Al ver que los discípulos de Jesús comían sin lavarse las manos, comenzaron a criticarlos. «*Y le preguntaron a Jesús: "¿por qué tus discípulos no siguen las costumbres que desde hace mucho han practicado nuestros antepasados? ¿Por qué comen sin haberse lavado las manos?"*» (Marcos 7:5).

Los judíos religiosos eran observantes de la ley. Iban al templo, procuraban no caminar más de lo necesario en el sábado, no se sentaban a la mesa sin lavarse las manos y guardaban con celo los hábitos aprendidos de sus padres. Eran sumamente apegados a la ley[14] e imponían tales enseñanzas a sus seguidores. La Palabra de Jesús, para ellos, fue fuerte y contundente: les llamó hipócritas. Si trasladamos esta realidad a la Iglesia de hoy, nos percatamos de que todavía existen prácticas similares. La Iglesia, en ocasiones, ha enseñado mandamientos de hombres como si fueran Palabra de Dios.

Veamos el ejemplo del pastor y su hijo:

Un joven se dirigió a su papá, que era pastor de una iglesia, para hacerle una sencilla petición. «Papá, sé que a ti no te gusta la música "rap", pero solo quiero que escuches el contenido de esta canción». El papá se negó rotundamente a escuchar la canción que su hijo le propuso o a considerar siquiera la letra. Posteriormente, en una

---
[14] Eran legalistas.

predicación, ese padre, ufano y orgulloso, dijo: «Prefiero que mi hijo se marche de mi hogar, pero no voy a dejar que Egipto entre en mi casa». Al decir «Egipto», se refería a la mundanalidad. Evidentemente, ese padre se veía a sí mismo como un guardián celoso de la santidad como él la concebía, una especie de campeón de la causa doctrinal. En el proceso, perdió una oportunidad valiosa de acercarse a su hijo, de apreciar su intento de ser escuchado y tener compañerismo con él. No sería de extrañar que ese jovencito termine alejándose de las cosas de Dios o buscando otra congregación. Una historia similar fue traída por un pastor venezolano cuando expresó: «Perdí a mi hijo». Su hijo deseaba consultarle sobre un pasaje bíblico, pero él no quiso atenderlo porque estaba preparando un mensaje que predicaría en la iglesia. «Qué necio fui, no supe dejar lo que estaba haciendo y atender la necesidad de mi hijo». Desde ese día, hasta hoy, su hijo no ha puesto un pie en la iglesia.

La **rigidez religiosa** es tóxica y produce hipocresía. Jesús siempre estuvo abierto, dispuesto y disponible para ayudar a los que se le acercaban. «*Cierto día, algunos padres llevaron a sus niños a Jesús para que pusiera sus manos sobre ellos y orara por ellos. Pero los discípulos regañaron a los padres por molestar a Jesús. Pero Jesús les dijo: "Dejen que los niños vengan a mí. ¡No los detengan! Pues el reino del cielo pertenece a los que son como estos niños". Seguidamente, les puso las manos sobre la cabeza y los bendijo antes de irse*» (Mateo 19:13). La narración bíblica dice que Jesús estaba rodeado de una multitud y ministraba sanidad a los enfermos. En ese escenario, llegan los padres con sus niños para que los bendiga. Muchos creyentes de hoy, igual que los discípulos de Jesús, no conocían cuán importantes son los niños en el reino de Dios, pero Jesús hizo un alto en lo que hacía, dejándonos una lección de vida. Los hijos son tesoros. Sembramos en ellos la semilla de la rebeldía cuando los maltratamos o ignoramos en el hogar y en la iglesia. ¿Por qué no hacer un alto y prestarles la necesaria atención? Si descuidamos esa misión, en la que somos irremplazables, los perdemos. Cada día, antes de que nuestros hijos salgan del hogar, hagamos como hizo Jesús, pongamos nuestras manos sobre sus cabezas para bendecirles. Después de Dios, tu familia es lo más importante.

Muchos líderes cristianos dan mayor énfasis a lo que está prohibido en su denominación que a lo que establece la Biblia. Lo que es pecado, bíblicamente hablando, siempre será pecado, pero hay que establecer la diferencia entre eso y la letra del reglamento de una denominación religiosa. A Jesús le cuestionaban: «¿Por qué tus discípulos no siguen las costumbres que hemos practicado desde nuestros antepasados? ¡Eso no se puede hacer!». Eran tan rígidos en su disciplina que sus costumbres no se podían tocar ni enmendar, eran sagradas. Cualquier modificación a lo establecido era un imposible. La rigidez sin sentido era una característica del fariseo legalista que, lamentablemente, hasta hoy, continúa siendo el estilo de muchos creyentes. Decir que no se puede hacer algo por reglas carentes de base es la marca de fábrica del legalista.

10) RESISTENCIA AL CAMBIO

La **flexibilidad** es lo contrario a la rigidez. Ser flexible es adaptarse a ciertos cambios que vayan acorde con los tiempos y las circunstancias. La flexibilidad del junco le permite soportar el embate del fuerte viento y lo condiciona para no partirse. Por contraste, el árbol de arraigo profundo puede ser arrancado de raíz o partido por su rigidez y resistencia. Ser flexible significa tener la capacidad de mecerse con suavidad ante el vaivén de las circunstancias que la vida nos presenta. La rigidez mental hace daño al ser humano.

Cuando nos oponemos al cambio o ponemos nuestra visión sobre otras exigencias inalcanzables, siendo estrictos en extremo, nos volvemos intolerantes. Lo peor que nos puede suceder es estar totalmente convencidos de que nuestra manera de proceder es la única correcta. Es una característica muy perjudicial a las relaciones interpersonales. Debemos aceptar que vivimos en un mundo en constante cambio y que el tiempo y las circunstancias, muchas veces, demandan flexibilidad. Ser **flexible** no es congraciarse con el pecado o tratarlo con liviandad ni mucho menos dejar a un lado las enseñanzas del Evangelio. Ser flexible es evaluar cada situación y preguntarnos qué haría el Maestro en nuestro lugar. A la mujer adúltera, Jesús le dio una oportunidad de vida. Esto no significa —en modo alguno— que aplaudió o condonó su pecado. Por el contrario, le dijo: «Vete y no peques más».

Veamos la historia en San Juan 8:3:

Los escribas y fariseos llevan la mujer adúltera a Jesús. Como religiosos, se sentían puros porque observaban y demandaban que se cumpliese la ley al pie de la letra. «La ley dice que usted debe hacer esto y aquello». Sin embargo, ellos no eran santos, sino corruptos. Probablemente, los que condenaron a esta mujer eran los mismos que acudían a buscarla en secreto para tener un momento de satisfacción personal. El Señor les llama hipócritas porque vivían una doble vida. El hipócrita vive juzgando. Como dijo el Papa Francisco: «Donde no hay misericordia, no hay justicia, ni siquiera en la Iglesia».

Necesitamos aplicar la flexibilidad en la Iglesia y en nuestras vidas personales. Cuando Pablo terminó su ministerio en Galacia y Frigia, provincias de lo que hoy es Turquía, intentó dirigirse al sur, lugar en Asia donde estaban las siete iglesias que menciona el libro de Apocalipsis. Cuando iba en esa dirección, el Espíritu Santo lo detuvo[15]. Entonces, Pablo se enfocó en ir a otro lugar llamado Bitinia. «*Pero el Espíritu no se lo permitió*» (Hechos 16:7). La única dirección en la que podía ir era hacia el oeste, y el océano se encontraba en esa dirección. Es posible que, al no saber qué hacer, Pablo le preguntara a Dios hacia dónde debían dirigirse. Fue entonces que tuvo una visión. Se le apareció en sueños un varón macedonio que le dijo: «*Pasa a Macedonia y ayúdanos*» (Hechos 16:9). Pablo se encaminó a Macedonia y, de esa manera, empezó a extender el Evangelio más allá del cercano Oriente, a todo el resto del mundo conocido. El apóstol no se empecinó a sus planes, sino que fue flexible a los propósitos de Dios. Como creyentes, tenemos que flexibilizarnos y estar dispuestos a ir en la dirección en que el Señor desee llevarnos.

El Dr. Josh Packard, director del Laboratorio de Investigación Social de la Universidad del Norte de Colorado, realizó una investigación con el fin de comprender las motivaciones de la gente que se mueve a otras iglesias. Encontró varias razones:

- ❖ La iglesia es muy crítica.
- ❖ La burocracia de la iglesia es «asfixiante».
- ❖ No les gusta el estilo de predicación.
- ❖ La iglesia no fue el lugar donde se encontraron con Dios.
- ❖ La iglesia tomó una posición política y ellos no estaban de acuerdo.

---

[15] Hechos 16:6.

- La iglesia no está siendo relevante ni satisface sus necesidades.
- No les gusta la manera en que la iglesia está usando su dinero.
- La iglesia los ha herido y están totalmente decepcionados.

Sería importante preguntarse cuántas de estas razones quedarían eliminadas de la lista si adquiriéramos, como iglesia, la capacidad de ser flexibles.

11) APATÍA Y DESCUIDO ESPIRITUAL

La mayoría de los niños aumentan de peso a un ritmo adecuado y crecen rápidamente en sus primeros años de vida. Sin embargo, en ciertos casos, no se observan en ellos los estándares esperados de desarrollo. Cuando esto sucede, se habla de «problemas de crecimiento». Es posible que alguna situación de salud o nutrición esté causando la situación. Una vez los médicos detectan la raíz del problema, trabajan con los padres para ayudar a que el niño recupere un patrón de crecimiento saludable. Así mismo ocurre en la Iglesia. Hay creyentes que presentan «problemas de crecimiento» y su desarrollo no coincide con lo esperado.

La fuente de donde proviene el conocimiento y el crecimiento espiritual es la Biblia, que es la Palabra de Dios, pero muchas iglesias caen en la rutina del culto, la ofrenda, la oración, los cánticos y «hasta la próxima reunión». Semana tras semana, mes tras mes, un año tras otro, transcurren sin cambios significativos. Sabemos que el Evangelio nunca cambia; sin embargo, las estrategias para la afirmación de la familia de la fe pueden variar. Nos corresponde como Iglesia buscarlas, desarrollarlas y ponerlas en función.

La **apatía** es un enemigo encubierto, una fuerza desestabilizadora que se filtra en la Iglesia a través de la rutina. Cuando la apatía y el desinterés hacen acto de presencia, se disuelve el entusiasmo. Salir de ese estado es como nadar contra la corriente. Incluso, puede llevar al estado de tibieza que describe el Apocalipsis como «ni frío ni caliente». Vivir de rutina en rutina apaga la alegría; la vida cristiana pierde sazón, sentido, belleza y capacidad de renovación. No es aceptable el quedarse permanentemente en un mismo nivel de desarrollo. Hay que dejar de ser niños para crecer y madurar.

Los antiguos llamaban «tedio de la vida» al agotamiento del cuerpo, la mente y el espíritu. «*Los trabajadores se están cansando y los escombros que quedan por sacar son demasiados. Jamás podremos construir la muralla por nuestra cuenta*» (Nehemías 4:10). Cuando el ánimo se ausenta, la carreta no avanza. Igual ocurre con la vida del creyente, tampoco prospera. Es sabido que los elefantes son atados con una fuerte cuerda desde pequeños, se acostumbran a halar y, como no pueden soltarse, concluyen que es imposible seguir luchando. Al llegar a adultos, se les puede sujetar con una débil cuerda, y ya no lucharán por librarse de ella. El que observa dice: «¡No puede ser! Una criatura tan grande, con tanta fuerza, con el camino completamente despejado y no se escapa. ¿Por qué no se escapa, si es lo suficientemente fuerte como para huir?» Es sencillo, con el tiempo, el animal aceptó su impotencia y se resignó a su destino.

La Palabra nos invita a crecer, a no ser eternos niños espirituales. «*Hace tanto tiempo que son creyentes que ya deberían haber crecido y estar enseñando a otros. ¿Por qué, debiendo ser ya maestros, después de tanto tiempo, tenéis necesidad de que se os vuelva a enseñar cuáles son los primeros rudimentos de la Palabra de Dios?»* (Hebreos 5:12). El crecimiento espiritual debe ser el anhelo de los creyentes en Cristo Jesús. *«Por lo cual, te aconsejo que avives el fuego del don de Dios que está en ti por la imposición de mis manos»* (2 Timoteo 1:6). En nuestras manos está desarrollarnos, contrarrestando toda monotonía, apatía o el llamado «tedio de la vida». A veces, es el estancamiento espiritual lo que hace que el creyente anhele nuevos pastos espirituales.

12) AUSENCIA DE UNA ENSEÑANZA BÍBLICA SIGNIFICATIVA

El estudio de la Biblia no debe sustituirse por otros proyectos o eventos de la iglesia. Es preciso leer y estudiar la Biblia para conocer más al Señor y evitar ser víctimas de las falsas doctrinas. La Palabra provee la enseñanza necesaria para distinguir la verdad del error. Cuando la predicación de la palabra bíblica es reemplazada por cualquier otra actividad insustancial, la autoridad de Dios es usurpada. Cristo es la cabeza de la Iglesia y la enseñanza de Su Palabra debe ser determinante en sus reuniones. No es de sorprender lo que sucede en algunas iglesias que, con programas con escaso contenido bíblico y saturado de filosofías humanas, han sustituido la fiel proclamación de la Palabra de Dios.

Cuando Jesucristo es exaltado entre su pueblo, su poder se manifiesta, pero cuando los que dirigen la iglesia hacen concesiones, buscando estar bien con la cultura, la filosofía y la corriente de este mundo, el Evangelio se minimiza. Se pierde el verdadero poder y se produce «fuego extraño» que aparenta ser el gran poder de Dios, como se indica en Hechos 8:10. Si la iglesia carece de enseñanza bíblica significativa y la superficialidad y la falsa enseñanza toman el lugar de la verdad, es hora de salir de ese lugar.

13) RAZONES PRÁCTICAS

No pasamos por alto que hay otras razones más sencillas —pero igualmente válidas— para cambiar de congregación, mayormente, basadas en circunstancias personales. La más común es la **reubicación**. En ocasiones, el miembro cambia su domicilio a un lugar distante de su comunidad de fe y se le imposibilita continuar asistiendo allí. Si su experiencia en la iglesia ha sido enriquecedora, se le hará difícil hacer la transición, por los lazos de afecto que le unen a ella. Sin embargo, es perfectamente comprensible que necesite desplazarse a otro lugar. Posiblemente, esa fue la situación de Febe, diaconisa de la iglesia de Céncreas. *«Les recomiendo a nuestra hermana Febe, diaconisa de la iglesia de Céncreas. Les pido que la reciban dignamente en el Señor, como conviene hacerlo entre hermanos en la fe; préstenle toda la ayuda que necesite, porque ella ha ayudado a muchas personas, entre las que me cuento yo»* (Romanos 16:1-2). ¡Qué hermosa carta de presentación llevaba Febe! Si los creyentes que salen de una iglesia a otra llevaran semejante recomendación, atenuarían la tristeza y dolor al grupo de hermanos que dejan atrás.

Igualmente, hay casos en que la persona, por haber alcanzado cierta edad, prefiere no conducir de noche ni lejos de su vecindario y opta por ubicarse en una iglesia más cercana al hogar. La dificultad para conseguir transporte en qué llegar a la iglesia es otro factor que podría mover al miembro a ubicarse en una congregación más accesible. En todo caso, es importante ser compasivos y empáticos, tomando en consideración las razones prácticas que ofrece una persona para trasladarse a otra iglesia.

GUARDANDO EL CORAZÓN DEL LÍDER

El ser humano es vulnerable en todas las áreas de su vida. En el aspecto espiritual, la Biblia advierte que el que crea estar firme debe tener cuidado de no caer (1 Corintios 10:12). Cientos de ministerios han sucumbido al pecado y hay más de una razón para ello. Consideremos algunas:

FALTA DE PROTOCOLOS

En ciertas comunidades eclesiásticas, no existe un protocolo o sistema para que el pastor rinda cuentas de sus acciones.

DESCUIDO DE LA FAMILIA

El trabajo de iglesia es absorbente. Los líderes (pastores) tienden a concentrarse tanto en el trabajo de la iglesia que su familia queda relegada a un segundo o tercer plano. La prioridad de cada creyente, luego de Dios, es su familia inmediata. En ningún caso, el pastor debe descuidar a su familia por atender la iglesia. Otro factor de riesgo es la cercanía de dos personas del sexo opuesto que trabajan y pasan mucho tiempo juntas. Esto da margen para entrar en conversaciones sobre temas que deben reservarse exclusivamente para la relación matrimonial. Cuando esto ocurre, se abren puertas peligrosas que pueden redundar en infidelidad.

Veamos el siguiente caso:

Billy Graham fue un conocido predicador y ministro evangélico estadounidense cuya vida es un referente para muchos cristianos. Aparte de vivir a base de principios fundamentados en la Biblia, creó —para sí y su círculo de amigos ministros más cercanos— reglas morales básicas para dar buen testimonio no solo ante Dios, sino ante los hombres. Graham, junto con los evangelistas Bev Shea, Grady Wilson y Cliff Barrow, se reunieron en el hotel «Modesto» en California para elaborar un manifiesto donde establecerían los lineamientos de su compartimiento moral. El lineamiento más famoso y controversial del manifiesto es que cada hombre nunca estaría solo con una mujer que no fuese la esposa: no comer, viajar, encontrarse en privado ni asistir a reuniones donde se sirviera alcohol en su presencia. En otras palabras, Billy Graham y sus asociados hicieron una promesa al principio de su ministerio: guardarse intencionalmente de no estar solos con mujer alguna aparte de sus esposas. Graham habló sobre los frecuentes y solitarios viajes ministeriales que los pastores hacen fuera de su entorno, específicamente, cuando salen a cumplir compromisos de predicación y/o enseñanza bíblica en otros lugares. El ir acompañado de su esposa brinda cierta seguridad, pero, cuando andan solos, ¿quién protege sus espaldas?

DESCUIDO DE LA VIDA ESPIRITUAL

El consejo bíblico nos insta a orar sin cesar. La oración, el estudio de la Biblia y la comunión con el Espíritu Santo crean intimidad con Dios. El descuido de estas disciplinas ha llevado a la quiebra a muchos ministerios.

El valor del compromiso está presente en las Sagradas Escrituras. Dios tiene un compromiso con su pueblo. Nuestro Señor Jesucristo vivió comprometido con su misión y ministerio, los discípulos estaban comprometidos con seguir a Cristo y los apóstoles con su llamado a hacer discípulos y compartir las buenas nuevas. Cada uno se comprometió y esforzó por cumplir su parte.

El compromiso los impulsaba. La palabra «**compromiso**» es abarcadora, pero, en términos sencillos, se trata de un convenio, de una obligación contraída por medio de un acuerdo. También, es una promesa o trato entre dos o más personas. En la Biblia, vemos que Dios pactó un compromiso con los hombres que fue claro, preciso y cargado de un sentido de esperanza. La Biblia dice que Dios se acordó de su pacto con Israel: «*Y oyó Dios el gemido de ellos y se acordó de su pacto con Abraham, Isaac y Jacob*» (Éxodo 2:24). Dios, en atención a su compromiso, llamó a Moisés para liberar su pueblo, que estaba bajo el yugo de la esclavitud en Egipto. En el pacto que Dios estableció con Abraham, le dijo que haría de él una nación grande, que sería de bendición a todas las naciones, y multiplicaría su descendencia, dándoles la tierra de Canaán por heredad. Su compromiso fue cumplido.

Al presente, algunos no manifiestan un compromiso con su ministerio. Prefieren estar abiertos a toda opción sin comprometerse con nada en específico. Desean vivir un Evangelio liviano que no vaya más allá de lo grato y superficial. Sin embargo, el Señor dijo a las multitudes: «*Si alguno quiere venir en pos de mí, niéguese a sí mismo, y tome su cruz y sígame... Ninguno que poniendo su mano en el arado mira hacia atrás es apto para el reino de Dios... Así, pues, cualquiera de vosotros que no renuncie a todo lo que posee no puede ser mi discípulo*» (Mateo 16:24).

El ministerio pastoral es un compromiso de por vida que puede ser desgastante y frustrante en ocasiones. Incluso, es posible que, en ciertos momentos, se pierda la motivación para andar la milla extra. Algunos han pensado que su trabajo no se aprecia ni es significativo y caen en un estancamiento espiritual que afecta el ministerio al que fueron llamados. Debemos combatir esa tendencia en lugar de, simplemente, conformarnos. Si es preciso, se debe buscar ayuda y consejo para superar el estancamiento emocional y espiritual.

RAZONES QUE SE DAN PARA SALIR DE UNA IGLESIA, QUE SON SOLUCIONABLES

Demasiadas personas dejan su iglesia antes de tiempo y sin justificación bíblica. La gente a menudo elige una iglesia basada en lo que la congregación particular puede hacer por ellos. En otros casos, las personas son demasiado rápidas para abandonar su iglesia sobre una base de razonamientos no bíblicos o superficiales. Albert Mohler, en su artículo titulado «*¿Debo quedarme o me debo ir?*», escribe lo siguiente: «Cuando los miembros dejan la iglesia por razones insuficientes, la comunión de la iglesia se rompe, su testimonio se debilita y la paz y la unidad de la congregación son sacrificadas. En este capítulo, comparto algunas razones —solucionables— que se dan para que una persona no quiera asistir a la iglesia. Considerémoslas:

1. ACTITUDES DESCUIDADAS DE LOS QUE SIRVEN EN LA CONGREGACIÓN

Al visitar una iglesia, la primera cara que vemos, por lo general, es la del ujier, diácono o servidor. Estas son las personas designadas para dar la bienvenida. Es de esperar que constituyan el reflejo de lo que es la iglesia local. Si son amables, respetuosos, sirven con agrado y buen sentido del humor, reflejan el carácter de la congregación. Lo opuesto también es cierto. Hay ujieres que reciben a la gente con cara de pocos amigos, sin amabilidad, cortesía o educación. Sus rostros son inexpresivos, no sonríen ni saludan. Su trabajo es mecánico. Las personas que atienden al que llega al templo deben amar la gente y amar lo que hacen. Las pobres actitudes en el servicio son la razón por la que algunas personas se desplazan de sus iglesias. Cabe preguntarse si la calidad del desempeño de los que sirven está a la altura del trato que el Señor daría al que se acerque a su casa. Es algo que toda congregación puede mejorar si se lo propone.

2. INDIFERENCIA

Si una persona visita una iglesia y los congregados no la saludan, no la acogen, ni le sonríen, es natural que se interprete como indiferencia. En ese caso, la iglesia pierde la oportunidad de ser un agente facilitador para el que llega. La primera experiencia del visitante en la iglesia es vital, de ella puede depender si permanece a o no regresa más. ¿Cómo puede una iglesia crecer si no da especial atención a recibir con respeto, gozo y amabilidad al visitante? ¿Cómo puede una iglesia modelar el amor de Cristo si el trato al que llega es negligente?

Veamos el siguiente caso:

Ángel Manuel visitó por primera vez una iglesia cuya membrecía rondaba las 600 personas. Esa noche se daba un estudio bíblico en un salón del templo. Era un grupo reducido de entre 50 y 60 personas. Puesto que no conocía a nadie, se sentó un poco retirado de los demás. El ambiente era alegre y Ángel Manuel disfrutó la enseñanza. Le pareció buena y bien trazada. ¿Qué lo desilusionó? En algún momento, el maestro invitó a que se saludaran unos a otros, pero nadie saludó al visitante; ninguno de los presentes le extendió la mano. Observó, en cambio, que los que ya se conocían se saludaban entre sí. La experiencia lo hizo sentirse excluido. Es comprensible que no desee repetirla. Si anduviera en busca de una congregación para ubicarse, con toda posibilidad esa no sería su elección. Es necesario que las iglesias cultiven un clima de amor fraternal que haga sentir a gusto al recién llegado. Es una actitud que debe fomentarse continuamente en el liderato y en los miembros de una congregación.

3. FALTA DE INCLUSIÓN

Muchos no quieren ser espectadores al integrarse a una iglesia. Desean participar y servir con corazón genuino. Por supuesto, todo tiene su tiempo. No es prudente ni sabio integrar de inmediato en el liderazgo de la iglesia al recién llegado. Si esta persona no conoce la visión ni la misión de la iglesia, debe involucrarse gradualmente en la congregación y esperar el tiempo necesario para ocupar posiciones. Pero, por otra parte, esa espera no debe ser eterna. La persona que ha alcanzado madurez espiritual sabe que quien promociona es Dios y, en todo caso, lo correcto es que le comunique al pastor y al liderato sus deseos de trabajar, de modo que se le incluya eventualmente en la corriente de vida de la iglesia. El que salta de iglesia en iglesia solo porque no se le ha dado un cargo, evidencia su grado de inmadurez emocional.

4. TRATO PREFERENCIAL

¿Es correcto salir de una congregación porque se da preferencia a ciertas familias o individuos, ya sea por condición económica o por la afinidad que guardan con el pastor? La respuesta es no. El criterio más importante para evaluar una iglesia es su doctrina y su sometimiento a Dios y a Su Palabra. En fin, siempre habrá aspectos que nos incomoden, cosas que no serán de nuestro agrado. Debemos entender que en ninguna iglesia encontraremos perfección, ni todo se verá desde nuestro punto de vista. Estos cuatro señalamientos no son razones fundamentales para dejar la iglesia.

5. PECADO EN LA IGLESIA

La iglesia de Corinto tenía un caso de inmoralidad sexual que era conocido en la congregación. El apóstol Pablo había advertido por carta que los creyentes no debían relacionarse con personas que, llamándose hermanos, anduvieran en inmoralidad. Por «hermanos» se refería a miembros de la iglesia. Con tal persona ni siquiera debían juntarse para comer. «*Es ya de dominio público que hay entre ustedes un caso de inmoralidad sexual que ni siquiera entre los paganos se tolera, a saber, que uno de ustedes tiene por mujer a la esposa de su padre*» (1 Corintios 5:1).
¿Quién es ese «uno de ustedes»? Podría tratarse de un líder, alguien de buen nombre o un miembro que lleva años asistiendo a la iglesia. Claro que es un grave pecado, pero ¿es una buena razón para dejar la iglesia? La respuesta es no, quien debe dejar la iglesia es el que está viviendo en pecado si opta por no renunciar a él. Pablo expuso: «*Debieran lamentar lo sucedido y expulsar de entre ustedes al que hizo tal cosa*». Con todo, aún queda el mejor recurso, el del arrepentimiento, confesión y restauración del hermano caído.

6. DESACUERDOS SOBRE ASUNTOS DE IMPORTANCIA SECUNDARIA

«*Adviérteles delante de Dios que eviten las discusiones inútiles, pues no sirve de nada más que para destruir a los oyentes*» (2 Timoteo 2:1). Que si Saúl, Salomón o Sansón se salvaron o fueron al infierno no es una discusión que abona a nuestro crecimiento espiritual. Que, si un cristiano debe poner adornos o un árbol de navidad en los hogares o en el templo, tampoco contribuye a nuestro crecimiento espiritual. «*No tengas nada que ver con discusiones necias y sin sentido, pues ya sabes que terminan en pleitos*» (2 Timoteo 2:23). Pablo le escribe a Timoteo: «*Esfuérzate por presentarte a Dios aprobado, como obrero que no tiene de qué avergonzarse y que interpreta rectamente la palabra de verdad*» (2 Timoteo 2:15). Si estas minucias nos dividen, qué se deja para cuando soplen aires de persecución o pruebas. Más bien, debemos aprender a amarnos a pesar de nuestras diferencias.

7. OFENSAS PERSONALES

«La iglesia me ha herido», algunos podrán decir; pero, como dice el dicho: «La iglesia no es un museo de santos, sino un hospital de pecadores». Los pecadores, inevitablemente, se herirán unos a otros. Antes de irte de tu familia de la fe, que es la Iglesia, debes intentar reconciliarte con aquellos que formaron parte del conflicto que hirió tu corazón. El Maestro anticipó que nos heriríamos unos a otros: «*Si tu hermano peca contra ti, ve a solas con él y hazle ver su falta. Si te hace caso, has ganado a tu hermano*» (Mateo 18:15). En todas las congregaciones surgen malentendidos, desacuerdos y ofensas inesperadas que hieren e incomodan. La respuesta no es mudarse de iglesia. En tal caso, cada vez que seas (o te sientas) agraviado, tendrás que irte a otra iglesia. El consejo bíblico es: «*Si alguno tiene queja contra otro, que se toleren y se perdonen*» (Colosenses 3:13). Hay creyentes que no están dispuestos a tolerar la más mínima ofensa, sobre todo, si ha venido de alguna persona con cierta autoridad en la iglesia. ¿Cuál es su respuesta? Irse de la congregación, simplemente irse. Pueden presentar diferentes argumentos de por qué se movieron, pero, en su interior, saben que se van molestos y enojados; no quieren pertenecer más a esa iglesia, donde quizás permanecieron por muchos años. El malestar y el enojo dominaron su decisión.

8. DESACUERDO CON ALGÚN LÍDER

La verdadera sumisión se demuestra en tiempos de desacuerdo. Qué fácil es someterse cuando estás de acuerdo con tu líder. Te invito a estudiar el pasaje bíblico que relata un momento intenso entre David y el rey Saúl en 1 Samuel 24:6: «*Y David dijo a sus hombres: "Jehová me guarde de hacer tal cosa contra mi señor, el ungido de Jehová. No extenderé mi mano contra él, porque es el ungido de Jehová"*». El equivocado era el rey Saúl, lleno de rencores, amargado y poseído —de vez en cuando— por demonios. Por su parte, David cantaba salmos y mantenía un reverente temor a Dios. Nunca levantó su mano contra su autoridad, que era el rey Saúl. Incluso, si de unción se trataba, la de David era manifiesta. Debemos recordar esto: aunque la autoridad esté equivocada, Dios no necesita de nuestra ayuda. Más bien, debemos preguntarnos si, en este caso, Dios está moldeando nuestro carácter para depositar en nosotros un futuro ministerio que edifique a otros. No es necesario abandonar la iglesia por simples desacuerdos. Ellos nos ayudan en nuestro crecimiento espiritual y contribuyen a madurar nuestro carácter.

Pero si la persona opta por irse, debe hacerlo en paz, serenamente, sin intentar persuadir a otros de marcharse de su iglesia original. Es doloroso de por sí que un miembro de la congregación se vaya. Por tanto, no debe causar mayor dolor al cuerpo de Cristo, buscando convencer a otros de irse también. Hoy, hay demasiadas iglesias heridas, rotas y divididas por alguien que se fue y arrastró a otros consigo. La división es maligna, diabólica y procede del engañador y padre de toda mentira. Nunca debemos hacernos partícipes de tal proyecto. Tarde o temprano, nos tocará lidiar con las consecuencias de esta acción.

9. AMBICIONES PERSONALES

«*Si alguno aspira a convertirse en líder de la Iglesia, desea una posición honorable*» (Timoteo 3:1). Sin embargo, es necesario definir si desear convertirse en líder de la iglesia es una aspiración honorable o una ambición con raíces enfermas. Hay dos palabras parecidas: **ambición** y **aspiración**. A menudo, se usan para definir el anhelo que tenemos por adquirir rango, fama, poder, dinero y todo lo que tiene connotación de éxito en la vida. El suceso narrado a continuación expresa lo que es **ambición no loable**: «*Entonces, se le acercó la madre de los hijos de Zebedeo con sus hijos, postrándose ante él y pidiéndole algo. Él le dijo: "¿Qué quieres?". Ella le dijo: "Ordena que en tu reino se sienten estos dos hijos míos, el uno a tu derecha y el otro a tu izquierda"*» (Mateo 20:20-21). «*Entonces, Jesús, llamándolos, dijo: "Sabéis que los gobernantes de las naciones se enseñorean de ellas, y los que son grandes ejercen sobre ellas potestad. Mas entre vosotros no será así, sino que el que quiera hacerse grande entre vosotros será vuestro servidor, y el que quiera ser el primero entre vosotros será vuestro siervo; como el Hijo del Hombre no vino para ser servido, sino para servir y para dar su vida en rescate por muchos"*» (Mateo 20:25-28).

En palabras del pastor Jorge Castañeda Delgado: «La ambición personal es la única cosa que afectó el poder, la paz y la piedad de los apóstoles del Señor. Vemos sus efectos en sus envidias y disputas. Se registran unos pocos casos, pero solo podemos conjeturar cuántos celos y distanciamientos no registrados se produjeron. Tenemos el registro de su existencia y la reprimenda de Cristo en la primera parte de su carrera, y su violencia estallando casi bajo la sombra de la cruz. Los amargos pensamientos de su muerte se mezclan con la lucha de sus discípulos por el primer lugar y su solemne acusación contra la ambición mundana. El lavado de los pies de los discípulos fue el último acto de formación personal que Cristo utilizó como remedio para la ambición en sus discípulos». ¿Son nuestras ambiciones en la vida las que determinan nuestras acciones y comportamiento hacia los demás? Podemos afirmar que tanto la ambición como la aspiración son deseos fuertes y buenos en la vida, pero si no las manejamos correctamente, las ambiciones pueden nublarnos el camino a recorrer para alcanzar las metas.

El predicador Thomas Brooks escribió: «La ambición es una miseria dorada, un veneno secreto, una plaga oculta, el ingeniero del engaño, la madre de la hipocresía, el padre de la envidia, el original de los vicios, la polilla de la santidad, el cegador de los corazones, convirtiendo las medicinas en males y los remedios en enfermedades». El apóstol recalcó que la vida cristiana tiene como propósito fundamental agradar a Dios. «*No procuramos agradar a los hombres, sino a Dios, que prueba nuestros corazones*» (1 Tesalonicenses 2:4). Entonces, debemos preguntarnos cuál es nuestra ambición, ¿agradar a Dios o agradar al hombre?

La Biblia nos enseña que nada hagamos por rivalidad o por vanidad; antes bien, con humildad, estimando cada uno a los demás como superiores a él mismo (Filipenses 2:3). Las ambiciones personales han llevado a buenos y numerosos líderes a irse de sus iglesias porque no los han promovido a otro nivel en el liderazgo de la iglesia. Tales líderes no han entendido que es Dios el que promueve y levanta. El hecho de pedir insistentemente que nos asciendan de posición habla de un carácter cristiano falto de madurez espiritual y es una señal al liderato principal de la iglesia de que esa persona, precisamente, no está lista para ser promovida.

10. Vergüenza

La **vergüenza** se define como una «turbación producida por el miedo a cometer una falta ante los demás o hacer algo que uno mismo considera ridículo o humillante». Además, es la «valoración que una persona tiene de sí misma y que le lleva a actuar de la forma que se considera correcta». En el siglo XIX, el biólogo Charles Darwin, en su tratado *La expresión de las emociones en el hombre y los animales,* indicó que la vergüenza se manifestaba mediante rubor facial, confusión mental, vista caída, una postura descolocada y cabeza baja, y observó síntomas similares en individuos de diferentes razas y culturas.

Hay una similitud entre una congregación y la red de un pescador. El texto bíblico dice que el reino de Dios es semejante a una red de pescar. Los pescadores echan la red al mar y en ella recogen «*toda clase de peces*» (Mateo 13:47). En cada congregación, hay una diversidad de personas; cada una trae distintas situaciones y carga el potencial de herirnos o de ser heridos por nosotros. Hay quienes sienten vergüenza por su vida pasada y se conducen como si valieran menos por ello. Necesitan entender que Dios hace nuevas todas las cosas. Aun si se trata de un problema entre hermanos en la fe y nos sentimos ofendidos, avergonzados o con culpa, está siempre presente la posibilidad del diálogo y la reconciliación, según Mateo 18:15-22. El sentir vergüenza por alguna situación no es razón de peso para abandonar la iglesia.

Dice el pastor Rick Warren: «Demasiadas personas están estancadas con recuerdos del pasado que no superan. Ya sea que te hayan herido y tengas resentimientos o que hayas lastimado a alguien y tengas remordimiento, no tienes por qué vivir más con culpa, remordimiento o vergüenza». El cambiar de iglesia no soluciona lo que nos haya pasado. Si recurrimos a esa alternativa ante cada inconveniente, tendremos que salir de muchas otras congregaciones. Lo recomendable es pedir al Señor que obre un milagro de sanidad en nuestra mente, voluntad y emociones. Dios ha venido a nuestra vida para consolar, para cambiar derrotas en victoria y tristeza en un canto de alabanza. «*El espíritu del Señor está sobre mí, porque el Señor me ha consagrado; me ha enviado a dar buenas noticias a los pobres, a aliviar a los afligidos, a anunciar libertad a los presos, libertad a los que están en la cárcel; a anunciar el año favorable del Señor, el día en que nuestro Dios nos vengará de nuestros enemigos. Me ha enviado a consolar a todos los tristes, a dar a los afligidos de Sion una corona en vez de ceniza, perfume de alegría en vez de llanto, cantos de alabanza en vez de desesperación. Los llamarán "robles victoriosos", plantados por el Señor para mostrar su gloria*» (Isaías 61:1-3). Desde hoy y por siempre debemos rechazar las raíces de amargura, vergüenza, ira, enojo o cualquier malestar que tenga el potencial de desgastarnos, y permitirle a Dios que a través del Espíritu Santo nos inunde de gozo y paz. Demos lugar a la sanidad del Espíritu en nosotros.

11. POR COMPLACER A FAMILIARES O AMIGOS

Los padres tenemos la responsabilidad de guiar a nuestros hijos, direccionándolos hacia todo lo que contribuya a formarles hasta llegar a ser adultos sanos. Nos toca brindar sentido de dirección al hogar y educarlos. No es nuestro deber otorgarles todo lo que nos pidan. La Biblia habla de instruir al niño. «Instruir» viene del hebreo «*chanak*», que significa estrechar, iniciar, disciplinar, entrenar, instruir. Nos corresponde instruirlos en amorosa disciplina para que, a lo largo de la vida, perseveren en el camino correcto. El niño que se instruye y se disciplina debidamente no necesita de castigos; si se castiga a un niño continuamente, llega a aborrecer la disciplina.

En Su Palabra, Dios nos instruye como padres sobre lo que debemos hacer tocante a la crianza de los hijos. En el Antiguo Testamento, vemos algunos ejemplos: Abraham, Noé, Job, y Ana y Elcana, padres de Samuel. Allí leemos las medidas divinas que recibieron los padres de Sansón referente a su crianza: «*Y había un hombre de Zora, de la tribu de Dan, el cual se llamaba Manoa, y su mujer era estéril y nunca había tenido hijos. A esta mujer apareció el ángel de Jehová y le dijo: "He aquí que tú eres estéril y nunca has tenido hijos, pero concebirás y darás a luz un hijo. Ahora, pues, no bebas vino ni sidra, ni comas cosa inmunda. Pues he aquí que concebirás y darás a luz un hijo; y navaja no pasará sobre su cabeza, porque el niño será nazareo a Dios desde su nacimiento, y él comenzará a salvar a Israel de mano de los filisteos"*» (Jueces 13).

Mientras son pequeños, les llevamos a la Iglesia, donde se formarán en el conocimiento de la Palabra de Dios. Cuando sean adultos y alcancen la madurez para decidir, debemos respetar su determinación. Pero entendemos que moverse de iglesia por complacer a los hijos o a algún familiar podría ser una razón equivocada. Sin embargo, es altamente aconsejable escuchar las inquietudes o preocupaciones de los niños y jóvenes respecto a la iglesia a la que se asisten, para apoyarles en su crecimiento. En fin, se impone reflexionar sobre las alternativas disponibles y sopesar los pros y los contras. Hablemos con ellos de diversos temas: del déficit moral y la decadencia de valores morales que está socavando el mismísimo fundamento de nuestra sociedad. Hablemos de la facilidad con que se deshacen los matrimonios, la alta incidencia de infidelidad, la falta de respeto a las autoridades, el incremento de pandillas juveniles y uso de drogas. Hablemos de las ideologías perniciosas que amenazan con socavar la identidad del individuo y la institución familiar. Conversemos con ellos de la propagación de enfermedades de transmisión sexual y el creciente menosprecio por la vida, como en el caso del aborto. Animémoslos a cuidar de la propiedad pública y privada, vandalizada, en algunos casos, con grafiti, en detrimento de su belleza y atractivo. Abramos el dialogo al tema del lenguaje obsceno que se difunde en las letras de canciones populares, de la interminable violencia transmitida por la televisión, de la exagerada sensualidad en películas y en la literatura, sobre el énfasis en la sexualización de menores y, finalmente, en la desintegración de la ley y el orden.

¿Existe solución para todo esto? ¿Hay algún modo de detener la marcha del deterioro ético y moral que estamos viviendo? ¡Claro que sí! Debemos empezar por el hogar, por la familia, desde que los niños son pequeños y enseñables. Hablémosles y escuchemos lo que tienen que decir. Hoy, más que nunca, se impone el esforzarnos en establecer las bases del temor de Dios en los nuestros. La Biblia es el mejor manual de instrucciones para la crianza de los hijos. Lamentablemente, no siempre echamos mano de él para instruirles.

12. OFRECIMIENTOS DE OTRAS IGLESIAS

¿Existe esto? Sí, hay iglesias que hacen ofrecimientos a creyentes que asisten a otras congregaciones, causando que algunos débiles en la fe se pasen de una iglesia a otra. Entre ellas, está el que Dios les va a bendecir de una manera diferente o que allí van a desarrollar el ministerio que Dios tiene para ellos y que no han «sabido apreciar» en su iglesia de origen, entre otras. ¿A quién no le interesa ser prosperado? La teología de la prosperidad financiera, a veces denominada Evangelio de la prosperidad, riqueza y éxito, se proclama en ciertas congregaciones. Muchos son atraídos por esto. Es una creencia religiosa controvertida que sostiene que la bendición financiera y física es, en todo tiempo, la voluntad de Dios para ellos, y que la fe, el discurso positivo y las donaciones a causas religiosas aumentarán la riqueza material del individuo. La teología de la prosperidad ve la Biblia como un contrato entre Dios y los humanos: si los humanos tienen fe en Dios, él les dará seguridad y prosperidad. Son muchos los «cantos de sirena» que seducen a los creyentes a buscar nuevas emociones; si no hay una sólida base bíblica, es fácil caer en alguno de ellos.

13. PROFECÍAS

Suena raro y es difícil de asimilar, pero algunos han recibido una «palabra profética» de que, al salir de su iglesia, recibirán una «bendición especial», ya sea personal, familiar o ministerial. Son expresiones que mueven emociones. Cualquier persona disfruta escuchar que hay algo mejor a la vuelta de la esquina. No obstante, hay «profetas» que se especializan en decir lo que se desea escuchar. Declaran que la persona será bendecida, que Dios tiene planes nuevos para su vida, que su ministerio será influyente y extenso, etc. Cuando eso no se materializa, la persona puede terminar buscando en uno y otro lugar con la esperanza de alcanzar lo que se le dijo o frustrada de ver que nunca se cumple tal profecía.

Veamos el siguiente relato:

Se cuenta que dos billetes se reunieron: uno de un dólar y otro de veinte. Acordaron encontrarse un año después para contar sus experiencias de los sitios visitados, todo lo que habían visto y lo más grato de su peregrinaje. Pasado el año, se reunieron. El billete de veinte dólares contó que visitó casinos, sitios turísticos, ferias y un sinnúmero de países de la mano de personas importantes. Le tocó el turno al billete de un dólar. Lucía descorazonado. Su experiencia había sido muy diferente. Casi a punto de llorar, dijo que en doce meses se la había pasado de iglesia en iglesia. A muchos creyentes les sucede lo del billete de un dólar. Van de iglesia en iglesia sin sentirse satisfechos.

14. DIVISIONES EN LA IGLESIA

Está comprobado que cuando un átomo se divide, su masa total se reduce y se libera una enorme cantidad de energía. Los resultados, graficados y comprobados en el lanzamiento de las bombas atómicas que terminaron con la Segunda Guerra Mundial, evidencian que la energía atómica puede ser tremendamente destructiva y sus efectos pueden prolongarse por generaciones. Los mismos resultados pueden darse en el reino espiritual, en la Iglesia del Señor. Las divisiones pueden producir consecuencias perdurables y devastadoras.

En el siglo XVI, surge la Reforma Protestante que dio paso a la **división de la cristiandad** en dos partes: la católica y la protestante. Posteriormente, la protestante se subdivide en otros grupos. «En nuestros días, el protestantismo agrupa a más de 400 millones de fieles, de los que un 25 % son luteranos, un 15 % calvinistas, alrededor de un 20 % son bautistas, cerca de un 15 % anglicanos y otro 15 % son metodistas» (Orrego, 2009). El plan de Dios es que estemos juntos y en armonía. «*No hay nada más bello ni más agradable que ver a los hermanos vivir juntos y en armonía*» (Salmos 133:1). La ruptura de relaciones trae consigo decepción y dolor que derivan en desconfianza. En medio de emociones heridas, las raíces de amargura encuentran terreno fértil para germinar. La división proyecta un mensaje: no podemos llevarnos bien. «Inevitablemente, estas consecuencias negativas debilitan la misión de una iglesia: ser luz y mostrar la gloria de Dios a un mundo perdido y moribundo. El mensaje de reconciliación parece falso cuando es proclamado por personas que no pueden llevarse bien entre sí» (Orrego, 2009).

Francis Schaffer, teólogo, filósofo y pastor presbiteriano evangélico, advirtió sobre el impacto mortal de la división de las iglesias en el mundo evangélico. La Biblia, por su parte, recalca la importancia de la unidad de la Iglesia y advierte con fuerza sobre el espíritu divisivo. Cuando la unidad de la Iglesia se ve amenazada, está en riesgo la salud espiritual de los creyentes y el avance del Evangelio. El apóstol Pablo nos confronta al respecto: «*Hermanos míos, yo les ruego, de parte de nuestro Señor Jesucristo, que se pongan todos de acuerdo y que no haya divisiones entre ustedes. Al contrario, vivan unidos y traten de ponerse de acuerdo en lo que piensan*» (1 Corintios 1:10). Recordemos, también, la oración intercesora que hizo Jesús por su Iglesia: «*Te pido que se mantengan unidos entre ellos y que, así como tú y yo estamos unidos, también ellos se mantengan unidos*» (Juan

17:21-22). «*El que ama tiene paciencia en todo y siempre es amable. El que ama no es envidioso ni se cree más que nadie. No es orgulloso. No es grosero ni egoísta. No se enoja por cualquier cosa. No se pasa la vida recordando lo malo que otros le han hecho. No aplaude a los malvados, sino a los que hablan con la verdad. El que ama es capaz de aguantarlo todo, de creerlo todo, de esperarlo todo, de soportarlo todo*» (1 Corintios 13:4-7). Esta expresión bíblica nos insta a los cristianos a arreglar nuestras diferencias, evitando las divisiones que siempre provocan daños. A veces, el orgullo y la terquedad nos dominan y pueden más que la sensatez. La división de una iglesia tampoco debe ser razón para moverse a otra. Sobre todo, no debemos ser parte de una división que traerá consecuencias negativas a los que la promueven.

LO QUE NO SE EXPRESA, PERO ES LA VERDADERA RAZÓN PARA SALIR

Los que salen de su congregación, difícilmente, admitirán: «Tengo problemas sin resolver con el hermano tal» o «aquí no me dan la importancia que merezco». Por lo general, utilizarán algún subterfugio, una razón que luzca válida y espiritual, pero oculta el verdadero motivo de su alejamiento. Veamos algunos:

1. COMEZÓN DE OÍR

«Pues llegará el tiempo en que la gente no escuchará más la sólida y sana enseñanza, sino que, teniendo comezón de oír, se amontonarán maestros conforme a sus propias concupiscencias»

(2 Timoteo 4:3)

Muchas personas abandonan sus congregaciones porque tienen lo que la Palabra llama «comezón de oír». La **comezón de oír** es el anhelo de escuchar cosas nuevas que, en ciertos casos, pueden redundar en un menosprecio de la auténtica sana doctrina y terminar socavando los cimientos de lo que es sólido en términos bíblicos. Se da cuando el creyente valora más lo novedoso que lo esencial. Es una tendencia que acerca a las personas a montones de «maestros» que enseñan la última novedad. Se nutre de las pasiones humanas, desvía al cristiano de la verdad y podría llevarle a caer en medias verdades para, finalmente, aterrizar en el terreno de la mentira, sustituyendo principios inconmovibles por fábulas. La comezón de oír es como la ebriedad, lleva a la persona de un lado a otro en el camino. Es falta de sensatez que, en el peor de los casos, ataca, ridiculiza y se mofa de quienes abrazan la sana doctrina. La comezón de oír produce inconsistencia e impide cumplir el ministerio porque va de un modelo a otro, de un proyecto a otro y, cuando llega algo novedoso, desecha lo empezado para probar algo más.

La curiosidad por lo nuevo va alejando al miembro cada vez más de la congregación. Este alejamiento es un asunto personal que se manifiesta de diversas maneras: disminución de asistencia a las reuniones de la iglesia y evitar comprometerse en actividades en las que antes se participaba. Independientemente de cuál sea el motivo, el alejamiento trae desconcierto al cuerpo eclesial. El consejo bíblico es que no dejemos de congregarnos «*como lo hacen algunos, sino que nos animemos unos a otros, sobre todo ahora, que el día de su regreso se acerca*» (Hebreos 10:25).

Veamos las características de la «comezón de oír»:

- ❖ Las personas van en busca de milagros, sanidades, enseñanzas nuevas, alguna señal, manifestaciones de lo sobrenatural, pero sin responsabilidad ni cambios internos.
- ❖ Es pura curiosidad o atractivo de lo desconocido por aquello que representa un misterio o novedad.
- ❖ Produce interés por cosas nuevas y un rechazo y desinterés a la doctrina pura.
- ❖ Da crédito a fábulas y mentiras y no a los principios puros de la Biblia.
- ❖ Promueve nuevas iglesias adaptadas al gusto y preferencia de cada espectador.

2. FALTA DE GOZO Y ENTUSIASMO

Uno de los enemigos del éxito en cualquier ámbito es la falta de entusiasmo. Cuando se funciona a base de costumbres arraigadas o mera práctica, hacemos las cosas sin razonarlas. La falta de vitalidad produce estancamiento. Cuando caemos en rutinas y dejamos de disfrutar lo que hacemos, se hace más difícil alcanzar objetivos, metas y sueños. Por contraste, un entusiasmo genuino es capaz de transformar las crisis en oportunidades.

Se les preguntó a diferentes personas qué haría falta para hacerles regresar a la iglesia. La respuesta más impactante fue: «Volvería a la iglesia si viera pasión en la vida de sus miembros y líderes». A nadie le entusiasma ir a una iglesia donde el pastor y los líderes de alabanza reflejan pesadumbre y hastío. La membresía necesita ver entrega y pasión. Los partidos de fútbol están llenos de una pasión contagiosa, un sentimiento desbordante que se refleja por una actividad, deporte o idea. La pasión es una intensa convicción que motiva una acción. Una iglesia sana es aquella que tiene pasión por Dios. Cuando la gente habla de algo con pasión, tiene un efecto en el que escucha. Si te hablan de un lugar o un evento maravilloso, es natural que desees saber más. Debemos reflexionar cómo está nuestra pasión por Dios y por Su Iglesia. Cuando tenemos pasión por algo, amamos hacerlo. Como cristianos, debemos esforzarnos en desarrollar una iglesia avivada y en crecimiento. «*Te aconsejo que avives el fuego del don de Dios que está en ti*» (2 Timoteo 2:6).

3. «CHURCH SHOPPING»

Veamos el siguiente caso:

A Carmen le fascina visitar los centros comerciales para ver zapatos, ropa y accesorios. Aunque al final no compre nada, le produce satisfacción el simple hecho de estar allí. Le gusta curiosear o mirar vitrinas, cosa que, según ella, le sirve de terapia para manejar el aburrimiento y el estrés. Allí se relaja y se siente bien. En ocasiones, se da cita con sus amigas y conversan un rato. Ir de tiendas no necesariamente es lo mismo que «ir de compras» o de «*shopping*», por utilizar el anglicismo, cuyo uso se ha popularizado. Carmen disfruta más visitar el «*mall*» que las compras en sí mismas. Es decir, el salir a ver las cosas y mirar la gente le resulta más estimulante que concretar compras. Se convierte en un alivio temporal a sus frustraciones.

Es común entre los aficionados a ir de tiendas que después de comprar algo, por ejemplo, unos zapatos, los lleven a su casa, los admiren y los guarden. Después de eso, ¿qué? Compraron para satisfacer una necesidad emocional, pero el lucir el calzado nuevo no les hace sentir más felices que antes, como lo imaginaron al adquirirlo. Los estudiosos de esta conducta indican que la terapia de compras no funciona como los consumidores suponen. Señalan que la felicidad que proporciona comprar algo no tiene que ver con la adquisición del objeto o el objeto en sí mismo, sino con buscarlo, desearlo y anticipar su llegada a la vida personal. Es decir, el impacto de la compra viene del hecho de desear, más que del acto de realizarla como tal. Al final, resulta que comprar el traje, el dispositivo o la obra de arte no es lo más gratificante, sino, simplemente, haber deseado tenerla.

Un estudio hecho por el *Journal of Consumer Research* confirma que desear las cosas hace que la gente sea mucho más feliz que el obtenerlas. Los investigadores analizaron el estado emocional de los compradores antes y después de realizar una compra significativa. Se encontró que los sentimientos de felicidad en las personas se disipaban al poco tiempo y que pronto querían más. Otro estudio hecho por el *Consumer Research* argumenta que comprar es menos satisfactorio que desear, pero tampoco hace que la gente se sienta feliz. Aunque la felicidad que resulta de adquirir un objeto sea de corto plazo, la que proviene de pensar en comprar y planear la compra puede mantenerse por algún tiempo.

Ese anhelo de felicidad lleva a las personas a salir a ver y conocer lo que el mercado ofrece. Es una constante insatisfacción que no se llena con nada. Las compras no son la primera necesidad, el motivo del «*shopping*» tiene que ver más bien con el ocio, de hecho, es una actividad de recreo en una diversidad de clases sociales y edades dentro de la sociedad. La actividad se desarrolla en espacios amplios, centros o calles comerciales, donde concurren numerosos comercios o tiendas que ofrecen una gran variedad de productos y servicios.

De manera similar, el que practica el «*church shopping*» busca experimentar o ver cosas que le provoquen sensaciones agradables y alimenten su autoestima. Se deleita en escuchar cosas nuevas. No hay nada negativo, todo muy positivo y cero responsabilidades personales. El «*church shopping*» se ha convertido en una actividad de ocio para muchos que desean ver lo que hay en las iglesias. Prefieren no aceptar responsabilidades ni compromisos y van de aquí para allá buscando lo espectacular, la última novedad donde no se les exija ni prohíba nada.

La Palabra dice: «*Rechazarán la verdad e irán tras los mitos*» (2 Timoteo 4:4). Hoy, hay una búsqueda continua de lo novedoso y lo emocionante, aunque tenga poco o ningún fundamento bíblico. El «*church shopping*» describe el mismo fenómeno que Lucas expresa sobre la conducta de los atenienses: «*Porque todos los atenienses y los extranjeros residentes allí en ninguna otra cosa se interesaban, sino en decir o en oír algo nuevo*» (Hechos 17:21). Tenían una pasión compulsiva por las novedades. Es la misma patología del tiempo presente, a muchas personas les fascina navegar infinitamente por Internet en busca del último tema de discusión o «*trending topic*».

Vivimos en tiempos donde impera la búsqueda ansiosa e incesante de lo novedoso y escasea la calma para permanecer estable en un lugar. Son tiempos de inquietud e intranquilidad que combaten la capacidad de esperar. Como señalamos antes, se sabe que lo más relevante en el comportamiento de «ir de tiendas» es la satisfacción que tal actividad proporciona al consumidor y no el producto que se adquiere, de modo que comprar como actividad puede servir para escapar temporalmente de estados emocionales desagradables (aburrimiento, tristeza, nerviosismo, etc.) en que se halla la persona. Sin embargo, no es eficaz como estrategia para hacer frente a conflictos internos o interpersonales. Esto describe perfectamente a los que deambulan por costumbre de iglesia en iglesia.

CONGREGACIONES EN RIESGO DE PERDER MIEMBROS

Como ministros del Señor, se impone que, para evitar la ceguera espiritual, hagamos un análisis imparcial de las condiciones de la iglesia que pastoreamos, sobre todo si la gente que vemos irse es madura y seria en su caminar con Cristo. A continuación, algunas situaciones que se hace urgente corregir, de estar presentes:

1. **INMORALIDAD EN EL LIDERAZGO**: La iglesia que no denuncia ni combate el pecado entre sus miembros abrirá la puerta a mayores problemas. Si un pastor o líderes de la congregación han caído en pecados de mentira, corrupción, adulterio, fornicación o perversión, y continúan predicando mientras rechazan la disciplina, su espíritu rebelde afectará a toda la congregación y la inmoralidad se adueñará de ella.

2. **NO RENDIR CUENTAS**: «*Si escuchas la corrección, crecerás en entendimiento*» (Proverbios 15:32). El ministerio de un pastor o líder de iglesia que no está dispuesto a ser corregido va destinado al fracaso, y quien permanece en tal iglesia, corre peligro de sufrir el mismo destino.

3. **CODICIA:** «La Policía brasileña busca interrogar a un prominente pastor. Llevó a cabo arrestos y órdenes de búsqueda por todo el país como parte de una investigación sobre un posible caso de corrupción». La noticia apareció en la prensa. Cuántas veces hemos escuchado que «las iglesias son un buen negocio», que los pastores son engañadores que viven de los creyentes ingenuos y toman ventaja de su bondad y generosidad. Hay quien decide no asistir a ninguna iglesia, alegando que «todas son iguales, llenas de mercaderes y adúlteros». Lamentablemente, hay que admitir que algunos líderes de iglesias han actuado así y han hecho un mercado de lo sagrado, pero no todos viven de esa forma. El pastor siempre está ante el ojo público y muchas personas tienen una idea de lo que se espera de un pastor. Aunque un pastor no tiene que vivir en la pobreza, tampoco debe llevar una vida de lujos, manipulando a la gente a la hora de ofrendar. El Evangelio ha sufrido por pastores que exprimen el bolsillo de los feligreses para satisfacer sus caprichos personales. La codicia los ha atrapado.

4. **CULTURA DE ORGULLO**: Algunos pastores y líderes son tan inseguros que, para funcionar, tienen que crear un aura de importancia a su alrededor. Se rodean de «guardaespaldas» y son incapaces de establecer una relación sencilla y genuina con los miembros de su iglesia. Otros hacen de la iglesia un escenario de actuación con entradas espectaculares y efectos de luces y sonido para impresionar a los congregados. ¿Por qué no mostrarse como pastores sensibles, accesibles y cercanos a las necesidades de sus

hermanos y de la sociedad en la que vivimos? «Si su iglesia se caracteriza más por el culto a la personalidad del pastor que por la presencia de Dios morando en ella, ¡escape por su vida!» (J. Lee Grady).

5. **PÉRDIDA DE CELO, GOZO Y ENTUSIASMO POR EL SEÑOR**: Se impone evaluar cómo estamos al presente en comparación con cómo estábamos al principio. Podríamos percatarnos de que hemos perdido aquel «primer amor», el celo, el entusiasmo y la alegría de servir al Señor. Es posible que otros en la iglesia ya se hayan dado cuenta de nuestra falta de entusiasmo y, posiblemente, estén preocupados por nosotros y preguntándose qué nos sucede. No seríamos los primeros en experimentar esta clase de desánimo, pero lo que no podemos permitirnos es quedarnos ahí. Hay medicina para nuestro mal. «*Porque tú dices: "Soy rico; me he enriquecido y no me hace falta nada"; pero no te das cuenta de cuán infeliz y miserable, pobre, ciego y desnudo eres tú. Por eso, te aconsejo que de mí compres oro refinado por el fuego, para que te hagas rico; ropas blancas para que te vistas y cubras tu vergonzosa desnudez; y colirio para que te lo pongas en los ojos y recobres la vista*» (Apocalipsis 3:17-18). Podemos, con sencillez y humildad de corazón, reconocer nuestras faltas y enmendar nuestros caminos por la gracia de Dios, y proponernos, como Pablo, terminar nuestra carrera con gozo. «*Sin embargo, no estimo que mi vida sea de ningún valor ni preciosa para mí mismo, con tal que acabe mi carrera con gozo y el ministerio que recibí del*

Señor Jesús, para dar testimonio del Evangelio de la gracia de Dios» (Hechos 20:24).

DEAMBULANTES EN LA BIBLIA

En las Escrituras, encontramos personas que, en alguna etapa de sus vidas o por alguna razón específica, caminaron sin rumbo. Anduvieron errantes, sin una trayectoria definida. A algunos podríamos llamarles deambulantes con propósito porque, aunque salieron sin un mapa del camino, iban guiados por la mano de Dios. Otros deambularon como consecuencia de sus propias determinaciones.

1. CAÍN: DEAMBULANTE SIN SOSIEGO

«Maldito serás y la tierra que cultives no te producirá nada, pues has matado a tu hermano y esa misma tierra se bebió su sangre. Por eso, andarás por la tierra como un vagabundo que no tiene donde vivir. "Hoy, me estás condenando a vivir como un vagabundo", dijo Caín. "Tendré que andar escondiéndome de ti y cualquiera que me encuentre me matará"» (Génesis 4:11-12, 14). Jehová pronunció juicio sobre Caín y lo desterró del Edén, por lo que tuvo que salir errante, como un fugitivo. *«Luego, Caín se salió de la presencia del Señor y se estableció en la tierra de Nod, al oriente de Edén»* (Génesis 4:16).

¿Qué piensa Caín de su situación? ¿A qué se enfrenta? Él sabe que, donde quiera que le lleven sus pasos, su vida estará en peligro. Posiblemente, ese pensamiento domina su vida. La Biblia relata que Caín se radicó en la ciudad de Nod, cuyo nombre significa «el país de los fugitivos». Nos preguntamos si encontró sosiego para su alma luego del homicidio de su hermano. Caín es el reflejo espiritual del deambulante, el hombre sin rumbo que va por todas partes, buscando reposo para su alma. Son muchos los cristianos que hoy van de iglesia en iglesia buscando «algo». Su futuro no está claro, no tienen metas ni objetivos. Buscan algo nuevo, pero no saben qué. Al igual que Caín, se sienten perdidos. Aunque algunos prefieran no admitirlo, sus decisiones e inestabilidad los han llevado por senderos que no tienen salida. No obstante, no todos los deambulantes vagan fugitivos, sin rumbo ni propósito.

Veamos los siguientes casos de deambulantes con propósito en la Biblia:

2. ABRAHAM (GÉNESIS 12)

Por mucho tiempo, Abraham fue un peregrino que, por orden divina, dejó atrás su tierra y su familia sin saber a dónde iba. Su historia es la de un hombre desarraigado y desposeído de los privilegios de la casa paterna, aunque era portador de una bendición que él mismo desconocía. El registro bíblico así lo consigna: «*Y el SEÑOR dijo a Abraham: "Vete de tu tierra, de entre tus parientes y de la casa de tu padre a la tierra que Yo te mostraré". Entonces, Abraham se fue tal como el SEÑOR le había dicho. Abraham tenía setenta y cinco años cuando salió de Harán. Abraham atravesó el país hasta el lugar de Siquem, hasta la encina de More. Los cananeos habitaban entonces en esa tierra. De allí, se trasladó hacia el monte al oriente de Betel (casa de Dios), y plantó su tienda, teniendo a Betel al occidente y Hai al oriente. Y Abraham siguió su camino, continuando hacia el Neguev (región del sur). Pero hubo hambre en el país, y Abraham descendió a Egipto para pasar allí un tiempo, porque el hambre era severa en aquella tierra*».

Dios llama a Abraham a salir de su tierra, de su parentela y de la casa de su padre y así va de Ur de los Caldeos rumbo a la tierra de Canaán para cumplir el propósito de Dios. Harán, Siquem, Betel, Hai, Neguev y Egipto son algunos de los lugares que Abraham recorre. El mandato de Dios para él era interesante y, a la vez, enigmático. «*Levántate, recorre la tierra a lo largo y a lo ancho de ella, porque a ti te la daré*» (Génesis 13:17). Es imposible no preguntarse qué sintió Abraham al recibir este mandato. Para los que disfrutan viajar, una orden como esta les haría sentir como pez en el agua. No sabemos, sin embargo, el efecto que tuvo en Abraham. Podemos imaginar que tenía mucha expectación de lo que estaba por ver y vivir. Pero, también, debe haber sido un trayecto plagado de interrogantes. Su recorrido abarcó muchos lugares que, posiblemente, nunca había pisado. Sin embargo, Dios conocía cada lugar. Abraham sale sin rumbo fijo, en esto es semejante a un deambulante. Su experiencia es similar a la que le ha tocado vivir a distintas personas llamadas por Dios.

«*El viento sopla por donde quiere, y oyes su sonido, pero no sabes de dónde viene ni a dónde va; así es todo aquél que es nacido del Espíritu*» (Juan 3:8). ¡Cuántos misioneros han sido enviados a lugares que no imaginaron, pero allí van en obediencia, al igual que Abraham, guiados por la mano de Dios! La mayoría de nosotros conocemos muy poco de las distancias que hay entre las ciudades que menciona este relato escritural, aunque los mapas bíblicos nos dan un panorama. Lo que sí sabemos es que hay regiones y ciudades muy distantes entre sí y que Abraham tuvo que caminar mucho:

- ❖ Distancia aproximada entre Harán y Siquem: 700 kilómetros (434.96 millas).

- ❖ Distancia de Ur de los Caldeos a Harán: 1,000 kilómetros (621 millas).
- ❖ Si hoy trazamos una línea directa desde Ur de los Caldeos (territorio en Irak) hasta El Cairo (Egipto) son casi 1,400 kilómetros (869.92 millas).

Definitivamente, el recorrido de Abraham fue muy extenso, mucho más que el que recorre un deambulante común.

3. JOSÉ "EL SOÑADOR", HIJO DE JACOB (GÉNESIS 37)

La vida de José se da en un escenario de traición, celos, miedos, luchas y profundo dolor emocional. Es un claro paralelismo de la vida del deambulante real que carece de un lugar que pueda llamar suyo y vive con la ansiedad de encontrar el sustento diario. José fue obligado a deambular desde muy joven, a los diecisiete años. Al ser vendido como esclavo por sus hermanos, fue llevado muy lejos de su hogar, sin saber qué le deparaba el futuro. Desde su nacimiento, fue muy amado por su padre y tratado con privilegios. Nada de eso evitó que fuera enviado forzosamente a una tierra extraña, donde fue prisionero y esclavo.

«*Sucedió, pues, que cuando llegó José a sus hermanos, ellos quitaron a José su túnica, la túnica de colores que tenía sobre sí; y le tomaron y le echaron en la cisterna; pero la cisterna estaba vacía, no había en ella agua. Y se sentaron a comer pan; y, alzando los ojos, miraron y he aquí una compañía de ismaelitas que venía de Galaad, y sus camellos traían aromas, bálsamo y mirra, e iban a llevarlo a Egipto. Entonces, Judá dijo a sus hermanos: "¿Qué provecho hay en que matemos a nuestro hermano y encubramos su muerte? Venid, y vendámoslo a los ismaelitas, y no sea nuestra mano sobre él; porque él es nuestro hermano, nuestra propia carne". Y sus hermanos convinieron con él. Y cuando pasaban los madianitas mercaderes, sacaron ellos a José de la cisterna y le trajeron arriba y lo vendieron a los ismaelitas por veinte piezas de plata. Y llevaron a José a Egipto. Así se inicia el peregrinar de José. Es llevado de una nación a otra, de un pueblo a otro. De entre los hebreos, es sacado para ir a Egipto. Y los madianitas lo vendieron en Egipto a Potifar, oficial del Faraón, capitán de la guardia».*

La distancia de Egipto a Canaán era de, aproximadamente, 400 kilómetros, en un recorrido que se hacía a pie o en camellos. Los sueños de José parecían lejanos e imposibles. No había llegado la hora de su cumplimiento porque todo lo que sucede bajo el sol tiene su tiempo. A pesar de todo, en este deambular impuesto, José no estaba solo: «*Pero Jehová estaba con José, quien llegó a ser un hombre próspero y vivía en la casa del egipcio, su amo*» (Génesis 39:2). ¿Un deambulante próspero? ¡Claro que sí! La presencia de Dios nos prospera a pesar de nuestras circunstancias. El relato bíblico indica que hubo un incidente muy grave en el que José fue acusado, injustamente, en la casa de su jefe Potifar, lo que hizo que, de esa casa, fuera enviado a la cárcel (Génesis 39). En la cárcel, pasó varios años, pero Jehová estaba con José y le extendió su misericordia. Sus palabras expresan el dolor de su desarraigo: «*Pues me trajeron secuestrado desde mi tierra, la tierra de los hebreos, y ahora estoy aquí en la cárcel, aunque no hice nada para merecerlo*» (Génesis 40:15). Con todo, José fue fiel a Dios.

En el capítulo 41 del libro de Génesis, su vida da un giro extraordinario. Es sacado de la cárcel y llevado ante el faraón, rey de Egipto, para interpretarle un sueño. El faraón le dice a José: «*Como Dios te ha revelado el significado de los sueños a ti, es obvio que no hay nadie más sabio e inteligente que tú. Quedarás a cargo de mi palacio y toda mi gente recibirá órdenes de ti. Solo yo, sentado en mi trono, tendré un rango superior al tuyo*» (Génesis 41:39). El peregrinaje de José es amplio; de su casa en Canaán a las manos de los madianitas; luego, a la casa de Potifar. De ahí, a la cárcel y, finalmente, al palacio del faraón. Todo el tiempo que vive como esclavo y —más adelante— como preso, se hace largo, quizás demasiado largo. Pero José fue un deambulante con llamado y propósitos definidos. Pasaron muchos años, posiblemente veinte, antes de que se diera un reencuentro entre José y sus hermanos. «*Yo soy José, vuestro hermano, el que vendisteis a los egipcios. Ahora, pues, no os entristezcáis ni os pese haberme vendido acá, porque para salvar vidas, me envió Dios delante de vosotros*» (Génesis 45:4).

José fue amado y odiado, favorecido y abusado, tentado y humillado, pero, al final, exaltado por la mano del Señor. En ningún momento de su vida (ciento diez años), José dejó de tener sus ojos puestos en Dios ni cesó de confiar en él. La adversidad no amargó su vida de manera permanente ni le echó a perder la prosperidad. «Era el mismo en privado como en público: un hombre verdaderamente grande» (Boise, 2021). Dios nos creó con la capacidad de soñar. Sin embargo, no todos nuestros sueños se harán realidad a nuestra manera, ni todos los sueños son de Dios. Dice el autor Max Lucado que cuando nuestros sueños conectan con los planes de Dios, encontraremos puertas abiertas que nunca pensamos ver. En muchas ocasiones, somos nosotros quienes nos ponemos límites. No vamos más adelante porque dudamos de nuestras capacidades y nos sentimos inseguros. Sin embargo, Dios tiene un propósito especial con cada vida.

Henry Ford dijo que un hombre pobre no es el que no tiene dinero, sino aquel que no tiene un sueño. José, hijo de Jacob, fue maltratado por sus hermanos y, despectivamente, fue llamado «el soñador». Sufrió mucho, pero Dios nunca se olvidó de él y, al final, José «el soñador» fue exaltado a una posición de excelencia y autoridad (Génesis 37). Los sueños de Dios nunca mueren. El deambular puede ser un estado transitorio, no algo que defina la vida. Nada ni nadie puede detener el sueño de Dios para sus hijos. «*Él es poderoso para hacer todas las cosas mucho más abundantemente de lo que pedimos o entendemos, según el poder que actúa en nosotros*» (Efesios 3:20). Cuando el Señor sopla vida sobre nuestras circunstancias, nada se detiene, aún en lo más escarpado del camino, la esperanza brilla como un lucero en medio de la oscuridad.

4. AGAR (GÉNESIS 16: 6-11)

«*Cuando Agar llegó al manantial que está en el desierto de Shur, junto al camino que llega a Egipto, Dios salió a su encuentro y le preguntó: "Agar, esclava de Saraí, ¿de dónde vienes y a dónde vas?". Y ella le contestó: "Estoy huyendo de mi dueña"*». La pregunta de Dios tiene que ver con dirección. «*Estoy huyendo*». ¿Hacia dónde? El deambulante de iglesias puede salir súbitamente, como a la escapada, pero, muchas veces, no conoce hacia dónde va. Toma decisiones por impulso, sin dirección divina, sin buscar el consejo de Dios o de las autoridades espirituales puestas por Él para guiarlo. Dios le da a Agar la indicación apropiada: «*Es mejor que regreses con ella y retomes tus responsabilidades*». Este consejo, posiblemente, no le gustó. Con toda seguridad, a nosotros tampoco nos agradaría. Claro está, Dios conoce su dolor y ha escuchado sus oraciones. En la sabiduría del Eterno, los planes eran derramar bendiciones sin precedentes sobre su vida. Pero era necesario tener una visión clara y precisa del rumbo emprendido.

«¿Cuál es mi ruta?», «¿de dónde vengo?», «¿dónde me encuentro y hacia dónde voy?». El caso de Agar nos lleva a considerar ciertos puntos: no saber a dónde se va es estar perdido y es terreno propicio para la incertidumbre y la ansiedad. Al encontrarnos en ese callejón sin salida, sin saber qué dirección tomar, debemos frenar y buscar ayuda. Una vez recibida la ayuda o la orientación, debemos estar dispuestos a retomar nuestras responsabilidades. Dios mismo le dice a Agar: «*YO he escuchado tu oración. YO conozco tu dolor, y la promesa la he metido dentro de ti. Agar, estás encinta y tendrás un hijo*». Dios le habla de un futuro, cuyo alcance Agar desconoce. El futuro de cada creyente está en las manos de Dios: «*Porque yo sé muy bien los planes que tengo para ustedes —afirma el Señor—, planes de bienestar y no de calamidad, a fin de darles un futuro y una esperanza*» (Jeremías 29:11).

El deambular de Agar tiene una segunda parte: «*El niño Isaac creció y fue destetado. Ese mismo día, Abraham hizo un banquete, pero Sara se dio cuenta de que el hijo que Agar, la egipcia, le había dado a Abraham se burlaba de su hijo, Isaac*» (Génesis 21:8-14). El hijo que Agar tuvo con Abraham se llamaba Ismael y tenía alrededor de catorce años al momento del nacimiento de Isaac. Cuando Sara vio que Ismael se burlaba de Isaac, le dijo a su esposo: «*Echa de aquí a esa esclava y a su hijo. El hijo de esa esclava jamás tendrá parte en la herencia con mi hijo Isaac*». Este asunto angustió mucho a Abraham porque se trataba de su propio hijo. Pero Dios le dijo: «*No te angusties por el muchacho ni por la esclava. Hazle caso a Sara porque tu descendencia se establecerá por medio de Isaac. Pero, también, del hijo de la esclava haré una gran nación, porque es hijo tuyo*». Al día siguiente, Abraham se levantó de madrugada, tomó un pan y un odre[16] de agua, se los dio a Agar y, poniéndolos sobre su hombro, le entregó el muchacho y la despidió. Agar partió y anduvo errante (deambulando) por el desierto de Beerseba. El desierto tiene unas características especiales: es solitario, deshabitado, sumamente caluroso de día y puede ser extremadamente frio en la noche. Tampoco es tierra cultivable, pues apenas llueve. Es un territorio inhóspito, no abunda la gente en estos lugares. ¿Qué provisiones llevaba Agar cuando salió de su casa? Un pan y un odre de agua para ella y su hijo. Luego, emprendió su camino y anduvo errante. Usted y yo sentimos empatía por Agar, pues está sola con su niño en medio del desierto.

Hay algo importante que debemos observar: Abraham, aun cuando era un hombre muy rico, despidió a Agar y al hijo de ambos con tan solo un pan y un odre de agua. Podría, si hubiese querido, darles mucho más. Pronto se acabó el agua, también el pan y, luego, a deambular. Muy representativo de los deambulantes de iglesias. ¿Cuál habrá sido el estado anímico de Agar cuando fue echada de la casa de Abraham? Triste y herida, humillada y desorientada, rechazada y sin saber qué hacer. Las heridas causadas por los de la casa son más dolorosas que la de los extraños. «*Y alguien le dirá: "¿Qué son esas heridas en tu cuerpo?". Y él responderá: "Son aquellas con que fui herido en casa de mis amigos"*» (Zacarías 13:6).

Todos hemos experimentado alguna clase de heridas provenientes de hermanos en la fe; unas superficiales, otras profundas y destructivas. Ciertas reacciones, como el enojo y la amargura, son heridas que, al infectarse, tienen el potencial de contaminar a otro. «*Mirad*

---

[16] El odre (del latín «*uter*») es un recipiente hecho de cuero de cabra que, cosido y pegado por todas partes, sirve para contener líquidos, como vino o aceite, y otras sustancias.

bien que nadie deje de alcanzar la gracia de Dios; de que ninguna raíz de amargura, brotando, cause dificultades y, por medio de ella, muchos sean contaminados» (Hebreos 12:15). Las heridas de Agar fueron infligidas por su ama, la esposa de Abraham. Abraham y Sara debían haber protegido a Agar, pero —de mutuo acuerdo— aprobaron echarla fuera, la destinaron a deambular, sin suficiente comida para ella y su hijo. Muchos tienen el alma abatida a causa del rechazo de la iglesia donde solían congregarse. Nadie los protegió y salieron heridos. Consideremos el caso de Agar, rechazada por la que era su familia, mas no por el Dios de esa familia. Ese mismo Dios es quien nos ha prometido que «*nos capitaneará aún más allá de la muerte*» (Salmos 48:14).

Veamos el caso de María Esther

Desde su juventud, María Esther se congregó en la iglesia, donde tuvo un encuentro con el Maestro. Allí, su vida espiritual creció y se afirmó en los principios bíblicos. Como toda joven, le gustaba lucir bonita y elegante. Comenzó por arreglarse el cabello, haciéndose un corte estilizado que no era bien visto por el pastor y otros miembros de la iglesia. Al principio, fue ignorada o tolerada, pero, un día, su pastor la llamó a la oficina y le dijo que ella era una influencia negativa para otras jóvenes, y le pidió que se marchara de la iglesia. Ella no fue la única expulsada, dos chicas más vivieron la misma experiencia.

Pasado el tiempo, vine a ser el pastor de aquella mujer ya adulta y conocí el efecto de esa amarga experiencia, que no había borrado de su corazón. Treinta años después, el hijo de María Esther se casaba en aquella iglesia. Después de la ceremonia, al pedírsele que pasara al altar de la iglesia a tomarse fotos con el séquito de boda, la escuché decir, con enojo y lágrimas en sus ojos, que no iba a pararse frente al altar de aquella congregación de la que había sido expulsada en su juventud. Sería interesante analizar este proceder que indica que la herida no había sanado, pero solo preguntaremos, ¿qué secuelas dejó el rechazo de aquella, su iglesia, en el corazón de María Esther? Al igual que Agar, seguramente, se marchó de allí, avergonzada, herida, humillada y sin saber qué hacer, porque las heridas causadas por los de la casa son más dolorosas que las que provienen de extraños. Habían pasado muchos años, pero la herida de María Esther no había sanado, estaba viva e infectada. Debemos tener en cuenta que la forma en que manejamos el rechazo es vital para nuestro futuro; puede acercarnos más a Dios en busca de consuelo y sanidad, o alejarnos de Él, acarreándonos mayor dolor.

Agar fue herida y menospreciada por gente con la que convivió, gente que amaba y respetaba. Abraham y Sara creían en Dios, pero no fueron sensibles con Agar, le hicieron pasar por el «*valle de la sombra y de la muerte*», la expulsaron de su casa y la condenaron a deambular con su hijo, sin tener a donde ir. Las heridas de rechazo pueden tener un efecto tan profundo que crean una profunda desconfianza. En algunos casos, pueden llevar la persona a rebelarse contra Dios. Muchos, al venir a Cristo, llenan sus vidas de sanos propósitos, de sueños hermosos y encomiables. Al pasar el tiempo, el maltrato recibido de parte de otros creyentes lacera el corazón, deshaciendo esos buenos propósitos. Ante la crisis, Agar se sentó sola debajo de un árbol y comenzó a llorar.

Ciertas heridas se dan por causa de una ruptura, por el abandono de un hombre o una mujer que rompió tu corazón al decidir no llevar a buen término el pacto que hizo un día; o, tal vez, por un hermano en la fe que levantó una calumnia o te juzgó duramente. Son acciones que dañan o hieren el alma, esfuman los ideales y nos dejan con heridas difíciles de sanar. «*Hermanos, si alguien es sorprendido en pecado, ustedes que son espirituales deben restaurarlo con una actitud humilde*» (Gálatas 6:1). Es más fácil sanar un soldado herido y devolverlo a la batalla que entrenar a un nuevo soldado. Seamos un pueblo restaurador, que levanta al caído, porque Dios es un Dios que sana y restaura.

5. EL PUEBLO DE ISRAEL (NÚMEROS 32:11-13)

«*No verán los varones que subieron de Egipto de veinte años arriba la tierra que prometí con juramento a Abraham, Isaac y Jacob, por cuanto no fueron perfectos en pos de mí; excepto Caleb, hijo de Jefone, cenezeo, y Josué, hijo de Nun, que fueron perfectos en pos de Jehová. Y la ira de Jehová se encendió contra Israel, y los hizo andar errantes cuarenta años por el desierto, hasta que fue acabada toda aquella generación que había hecho mal delante de Jehová*». Cuando hablamos de peregrinaje, nos referimos al proceso de trasladarse, de pasar de un lugar temporal a otro. El libro de Números narra el peregrinaje del pueblo de Israel por cuarenta años en el desierto antes de entrar a la tierra prometida. Relata sus luchas internas, sus rebeliones, su consagración y preparación para entrar al lugar que Dios les había prometido años atrás. Desearíamos tener más detalles de lo ocurrido en ese trayecto, pero aun así vemos con claridad lo innecesario que fue el tener que peregrinar tanto tiempo. La rebelión del pueblo de Israel contra el Señor, y los juicios que les vinieron como consecuencia, hicieron extender su peregrinaje. En el libro de Números, vemos el recorrido, el progreso y retroceso espiritual del pueblo de Dios. Es un libro lleno de enseñanzas aplicables a nuestro tiempo. Al observar toda la experiencia, nos percatamos de cuánto nos asemejamos a los antiguos hebreos que peregrinaron por aquel desierto. Las murmuraciones, la incredulidad y la desobediencia a la palabra de Dios son terreno fértil para el retroceso en nuestro propio caminar espiritual.

6. EL HIJO PRÓDIGO (LUCAS 15:11-32)

¿Es el hijo pródigo un deambulante? La expresión «hijo pródigo» suele emplearse para nombrar a aquel que, tras alejarse del hogar paterno con la intención de independizarse, termina regresando. La historia es una de las más famosas y queridas de todas las enseñanzas de Cristo. Su mensaje sigue vigente para nosotros hoy. El comentario bíblico del expositor la define como: «tal vez, la corona y flor de todas las parábolas». Esta historia solo aparece una vez en la Biblia, en el Evangelio de Lucas. Sabemos que la parábola es una historia imaginaria que ilustra un punto espiritual. De inmediato, captamos que Jesús utiliza el relato para enseñarnos del amor que Dios el Padre tiene por cada uno de nosotros. Todos hemos sido pecadores, como lo fue el hijo pródigo, pero es consolador, reconfortante y casi incomprensible que Dios el Padre esté dispuesto a aceptarnos de regreso, aun con los errores que hemos cometido.

La parábola se encuentra en Lucas 15:11-32: «*Un hombre tenía dos hijos, y el menor de ellos dijo a su padre: "Padre, dame la parte de los bienes que me corresponde". Y les repartió los bienes. No muchos días después, juntándolo todo, el hijo menor se fue lejos a una provincia apartada, y allí desperdició sus bienes, viviendo perdidamente. Y cuando todo lo hubo malgastado, vino una gran hambre en aquella provincia, y comenzó él a pasar necesidad. Y fue y se arrimó a uno de los ciudadanos de aquella tierra, el cual le envió a su hacienda para que apacentase cerdos. Y deseaba llenar su vientre de las algarrobas que comían los cerdos, pero nadie le daba. Y, volviendo en sí, dijo: "¡Cuántos jornaleros en casa de mi padre tienen abundancia de pan, y yo aquí perezco de hambre! Me levantaré e iré a mi padre y le diré: 'Padre, he pecado contra el cielo y contra ti. Ya no soy digno de ser llamado tu hijo; hazme como a uno de tus jornaleros'". Y, levantándose, vino a su padre. Y, cuando aún estaba lejos, lo vio su padre y fue movido a misericordia, y corrió y se echó sobre su cuello y le besó».*

El hijo pródigo representa al creyente que se aparta de la comunión con los suyos; en nuestro caso, de la comunidad de fe o iglesia. La narración bíblica no registra la presencia de un miembro clave de la familia: la madre del hijo pródigo. La poderosa influencia de una madre, como lo fue Ana en la vida de Samuel, no está presente en esta historia. La relación con su hermano mayor parece ser difícil y su interacción más significativa se da con el padre. El hijo ha decidido marcharse de casa, pero antes de hacerlo, reclama su herencia de un modo que revela rasgos de insensibilidad y egocentrismo. ¿Hacia dónde va? A una provincia apartada, lejos de su hogar con la intención de nunca más volver. Se da de lleno a una vida desenfrenada. Tal parece que su definición de vivir su propia vida es vivir sin reglas ni principios. Podemos pensar que dejó a Dios en el olvido, al igual que a su padre, hermano y la comunidad de vecinos y amistades.

La paga del pecado es muerte, pero, muchas veces, se trata de una muerte lenta que nos sumerge a plazos en la soledad y la sequía espiritual. Al pasar el tiempo, la vida se le complica. Comienzan a faltarle el dinero y los amigos. Sus nuevos acompañantes tienen nombre: ansiedad, amargura, miedo y depresión. Observemos que esto es característico del deambulante. Se desplaza de lugar en lugar y, sin percatarse, puede ir alejándose del Señor. Cuando esto sucede, su vida va cuesta abajo en lo espiritual y en otros órdenes de la vida. En el fondo, sabe que él es parte del problema, pero tarda mucho en aceptarlo y, en tanto que lo reconoce, deambula sin encontrar lugar fijo donde se sienta bien. Por todo eso, su moral y su estado anímico decaen. Su egoísmo, su deambular en busca de sus propias soluciones y felicidad lejos de la familia, lo sumen en el desasosiego. No sabe qué hacer, se mira a sí mismo y sabe que está derrotado. Es un momento muy peligroso en su vida. Algunos se rinden y pierden el sentido de la vida, hasta optar por el suicidio; otros, se hunden en drogas y alcoholismo. A otros, al cabo del tiempo —y quizás en el peor momento de su vida—, el hambre y un recuerdo del hogar les salva, los hace volver en sí. Es el fin del deambular, el hijo se reenfoca y apunta en una dirección: la hacienda de su padre, el lugar que hace mucho tiempo dejó. Esa casa era —y aún es— el punto de referencia. El abandono del hogar paterno ha tenido principio y fin. Por una parte, vemos necedad, egoísmo, rebeldía, sufrimiento y carencias, pero, por otra, vemos la misericordia y el perdón. Tras la vida de desenfreno y libertinaje, el joven reflexiona acerca de su situación personal y reconoce que lo mejor de todo será regresar a la casa del padre y dejar de deambular en la miseria y en el dolor.

¿Qué extraemos del relato?

- ❖ Las desgracias que provoca el pecado no son castigo divino, sino resultado de malas determinaciones que nos acarrean consecuencias negativas.
- ❖ El regreso a casa nos habla de acudir a Dios, de tornarnos atrás de las malas acciones; es cesar de andar errantes.
- ❖ Su arrepentimiento es genuino.

- ❖ El joven piensa, «vuelve en sí»; es decir, usa la razón y no la emoción, reconoce que sus acciones lo han llevado al fondo de una vida sin esperanza.
- ❖ El joven sabe que en la casa del padre hay alimento, techo y seguridad. Aunque no lo espera, tampoco debe sorprenderle encontrar abrazos, sonrisas y caras alegres. Siempre los hubo y siempre están disponibles.
- ❖ El padre respeta y acepta la determinación de su hijo, le entrega su herencia y le permite marcharse. Esta imagen presenta a un Dios que no es dictador ni prepotente, que nos muestra el camino y nos da su heredad, pero nos deja libres para elegir nuestro destino.
- ❖ Cuando el hijo regresa, el padre sale a buscarlo, corre hacia él y, antes de que llegue a decir una palabra, lo abraza y lo besa. Festeja su regreso. Se alegra de ver a su hijo sano y físicamente bien. Su gozo le lleva a preparar una fiesta para celebrar su retorno. El abrazo y el beso del papá le hacen entender que siempre ha sido considerado hijo. No hay regaños ni reproches. La misión de la Iglesia debe ser la que nos enseña el padre: salir a recibir, correr y buscar al necesitado, aceptarlo y no reprocharle su descarrío.
- ❖ La fe cristiana no necesariamente está basada en nunca haberse ido de la casa del Padre. Tampoco consiste en ritos, liturgias o ceremonias, sino en practicar la misericordia, saber perdonar y no juzgar a los demás.
- ❖ Debemos recibir con gozo en la casa del Padre a los hijos pródigos, a los que salieron de la Iglesia como deambulantes y hoy están de vuelta.

LA IGESIA Y LOS DÉBILES EN LA FE

Es tarea de la Iglesia crear y mantener un ambiente de dignidad, respeto y aceptación para las personas. La Iglesia, como comunidad de fe que trabaja con el ser humano, no debe dejar de sostener a los débiles. El miembro «débil» necesita ser escuchado y afirmado para que no quede rezagado. La Iglesia es y debe ser una comunidad sanadora, donde los creyentes son aceptados y amados. Cuando una iglesia es sana, predica una palabra salutífera que restaura y unifica el cuerpo de Cristo. En ella, debemos insertar a los potenciales deambulantes religiosos, los que se sienten invisibles dentro de la congregación. Debemos cuidarnos de no vivir aplaudiendo al más fuerte, al más exitoso o talentoso o al que tiene más recursos económicos. Cuando esto sucede, la escala de valores de tal congregación está invertida y ha venido a ser semejante a la que usa la sociedad. Este estado de cosas es un reflejo de que nos hemos apartado de una parte importante de la misión: la de fortalecer al cansado y cargado.

La misión de la Iglesia es presentar a Cristo, instruir en la Palabra de Dios, sanar, curar las heridas del corazón, abrir puertas, liberar al cautivo y enseñarle el camino que conduce al Padre. La Iglesia es una especie de hospital al cual acuden los heridos en busca de salud y vida. Hay mucha gente necesitada de que les venden sus heridas: «*Sanen a los enfermos, resuciten a los muertos, curen a los leprosos y expulsen los demonios. Den tan gratuitamente como han recibido*» (Mateo 10:7-8). Jesús envió los apóstoles a esta misión, que es la misión de la Iglesia. Esto no ha cambiado. El Papa Francisco dijo: «Cuando olvidamos nuestra misión, olvidamos la pobreza, olvidamos el celo apostólico y ponemos la esperanza en una bella organización: potente, pero no evangélica, porque falta el espíritu y la fuerza para curar».

EL AFECTO EN LA CASA DE DIOS

Sentirse apreciado es una de las necesidades esenciales del ser humano. La expresión de afecto es indispensable para su supervivencia. Es algo que fluye, que se da y, a la vez, se recibe. Sin afecto, el individuo puede transformase en un ser deficiente, carente de lo necesario para su adecuado crecimiento espiritual y hasta físico. Es lo que proporciona sentido de protección y apoyo en momentos difíciles. Sin embargo, no es tan sencillo lograr satisfacción plena en este aspecto.

Abraham Maslow, reconocido psicólogo estadounidense y uno de los fundadores y principales exponentes de la psicología humanista, postula que existe una tendencia humana básica a procurar la salud mental. Esta tendencia se manifiesta en la búsqueda de la autorrealización. Maslow habla de las necesidades de afiliación y afecto: asociación, participación y aceptación. Indica que el ser humano, por naturaleza, siente la necesidad de relacionarse, de ser parte de una comunidad, de agruparse en familias, con amistades o en organizaciones sociales en vínculos de amistad, compañerismo, afecto y amor. Uno de sus cuestionamientos es: «¿Qué nivel de satisfacción alcanzan las personas que no logran involucrarse emocionalmente con otras?». La merma de estas necesidades se refleja en una baja autoestima y complejo de inferioridad.

En cambio, el estar satisfecho en ese aspecto, fortalece el sano sentido de vida y aumenta la valoración del ser humano como individuo y profesional. Todo esto contribuye a que pueda escalar y avanzar hacia la autorrealización. El afecto se demuestra de diversas maneras: a través de abrazos, palabras amables, sonrisas sinceras, compartiendo lo que se tiene, brindando apoyo, etc. Ser afectuoso es transcendental para mantener y desarrollar una sana vida de familia, de pareja y de amistad. Ser afectuoso y recibir afecto crea resultados maravillosos y reales. Como parte esencial de la naturaleza humana, el afecto revela lo que hay en el interior del individuo. La Palabra de Dios nos anima a cultivar buenas cualidades y exteriorizarlas debidamente: «*Ámense unos a otros con afecto genuino y deléitense al honrarse mutuamente*» (Romanos 12:10). La Iglesia debe ser un lugar de sano afecto y amorosa convivencia que deje gratas memorias y sane el corazón.

Atención al recién llegado

Veamos el siguiente ejemplo:

La necesidad que tenía Waleska de oír de Dios la llevó a visitar una iglesia. Salió con entusiasmo de su casa y llegó al templo, pero no le permitieron la entrada porque vestía pantalón. Desconcertada por ese recibimiento, se fue de allí a otra congregación donde, por contraste, la recibieron con alegría. Al final del mensaje, hizo profesión de fe. El dar mayor importancia a la vestimenta o a la apariencia externa que a la necesidad del individuo, puede tener como efecto el que la persona jamás desee volver a pisar una iglesia.

¿Cómo puede el que llega por primera vez saber qué se espera de su vista? Hay maneras creativas, respetuosas y elegantes de hacerlo saber. Cierta iglesia colocó en su entrada un cartel dirigido a las personas que visitan: «Nuestra iglesia tiene una atmósfera de "ven como eres". Puedes vestir de manera casual o puedes vestir de manera formal. Ven de la mejor manera que quieras venir, solo recuerda vestir de una manera apropiada y decorosa para visitar la casa de Dios"». Otra iglesia pone en perspectivas sus prioridades en sus anuncios semanales de la siguiente manera: «Estamos felices de que usted haya tomado el tiempo de visitarnos y conocernos un poco más de cerca. Esperamos que, al llegar, no solo descubra cómo es nuestra iglesia, sino que experimente la pasión que tenemos por Jesús y su Evangelio. Él es la única razón por lo cual hacemos lo que hacemos y somos como somos. Predicamos, ministramos e intercedemos por hombres, mujeres, jóvenes y niños, sin importar su raza, nacionalidad, color o lengua. Evangelizamos, cantamos, danzamos y, sobre todo, adoramos al Padre, al Hijo y al Espíritu Santo. Somos una iglesia Cristo céntrica, enfocada en la evangelización y en ser una comunidad de amor. Queremos y necesitamos vivir toda nuestra vida por medio del Evangelio, que es y siempre será la verdad». En fin, la manera en que recibimos a las personas en la iglesia puede acercarlas o alejarlas.

Pretender que haya cambios en las personas que no han nacido de nuevo, sin ofrecerles en primer lugar las herramientas para tal cambio, es invertir el orden de las cosas. Dar la bienvenida a la gente nueva significa iniciar relaciones con gente que, en el mejor de los casos, podría llegar a ser parte de nuestra familia. El proceso de recibir al visitante debe comenzar desde el estacionamiento. Ir a la iglesia puede ser una experiencia intimidante para muchos, por lo que debemos asegurarnos de que, quienes asisten por primera vez, se sientan totalmente bienvenidos.

SUGERENCIAS PRÁCTICAS AL RECIBIR VISITANTES EN LA IGLESIA

- ❖ Es conveniente designar personas específicas, llámese ujieres, diáconos o servidores, para dar la bienvenida al visitante. Esto le ayuda a tener una idea del orden a seguir y a no sentirse desorientado ante la experiencia de asistir por primera vez. Los que hacen esta labor deben ser amables, amistosos y estar dispuestos a tomar la iniciativa de acercarse y presentarse, por si el visitante necesita información; además, deben abstenerse de hacer preguntas indiscretas. La idea es ayudar al recién llegado a que tenga una experiencia llevadera y libre de estrés. Deben recibir al que llega con un cálido saludo: «¡Hola! ¡Bienvenido! ¡Qué bueno tenerle con nosotros!».
- ❖ Lo esencial de esta primera experiencia no es promocionar la iglesia. Si la persona se ha sentido a gusto, volverá. Ya habrá la oportunidad de conocerle mejor más adelante. En el servicio general de la iglesia, es saludable que la congregación sepa también dar la bienvenida a los visitantes. Expresiones amistosas, como «¡qué bueno que estás aquí!» y/o «esperamos que disfrute este tiempo con nosotros», ayudan a establecer una conexión.
- ❖ Una de las razones por las que las personas se sienten intimidadas en una iglesia nueva es el hecho

de no conocer a nadie. Ese temor desaparece cuando conectan con alguien de la congregación. Debemos hacer el mejor esfuerzo por ayudar en el proceso. Si el visitante conoce alguna persona de la iglesia, puede invitársele a sentarse a su lado. Esto podría facilitar su experiencia inicial.

- ❖ De ser posible, debe dejarse al visitante elegir dónde prefiere sentarse. Aunque es común que haya asientos reservados para ciertos funcionarios de la iglesia, la mayoría puede utilizarse libremente. No es prudente pedir a los visitantes que se ubiquen en la primera fila, ya que, posiblemente, prefieren pasar inadvertidos.
- ❖ Si es posible, conviene que se les invite a conocer al pastor antes de irse. Generalmente, se hace al final del servicio. Si el visitante no está interesado, tampoco se le debe forzar.
- ❖ Es práctico ofrecerles información escrita sobre las actividades regulares de la iglesia (estudios bíblicos, reuniones semanales, viajes culturales, pasadías, etc.).

De igual manera, se le puede indicar si la iglesia tiene una página web o redes sociales para mantenerle informado. Asimismo, si el visitante provee su dirección postal, podría enviársele una nota de seguimiento, expresando gratitud por su visita. Si muestra interés en volver, no necesariamente es un indicador de que tiene planes de quedarse, pero es una señal positiva. Muchos andan en busca de una iglesia a la cual asistir y donde perseverar, por lo que no se les debe presionar a unirse de inmediato a la iglesia, es preciso concederles el espacio necesario para que expresen su intención y tomen la decisión final.

¿DEBO SALIR DE MI IGLESIA?

El tema es complejo y requiere una evaluación cuidadosa. De ser necesario salir, ¿cuál es el momento adecuado y de qué manera debe hacerse? Como hemos señalado antes, algunos miembros de iglesias toman a la ligera el compromiso con su congregación local. El proceso de salir es mucho más delicado de lo que se piensa. Optar por hacerlo requiere seria consideración y más tiempo del que muchos están dispuestos a esperar. Hoy por hoy, existen miles de iglesias con diferencias en doctrina y práctica. Cuando el miembro ha pensado cambiarse de congregación, debe tener criterios específicos que guíen su selección.

Digamos que una persona piensa adquirir una casa. Para hacerlo, hay factores importantes a considerar. ¿Cuáles factores tienen prioridad?, ¿que sea bella, cómoda, acogedora y con buen vecindario? ¿La compraría sin informarse acerca de la legalidad del título, si tiene gravámenes, si tiene los permisos de uso, si se construyó siguiendo un plano y muchas cosas más? El que compra sin sopesar los puntos más importantes, podría terminar descubriendo que la «casa de sus sueños» se convierte en una pesadilla. De igual manera, al seleccionar una iglesia, debemos considerar factores determinantes. Además de ser agradable y convenientemente cercana, ¿por qué no preguntar por la solidez de su fundamento espiritual, la legalidad bíblica de su doctrina, la visión y misión de la iglesia? La iglesia es más que ir a un templo a escuchar un sermón, es más que recibir alimento espiritual cada semana.

El diseño de Dios para Su Iglesia conlleva insertarnos en ella para servir al Cuerpo con los dones que Dios nos ha dado. La Palabra nos insta a crecer en compañía de nuestros hermanos en la fe y animarnos mutuamente. Por esas y muchas otras razones, el congregarse debe tomarse con seriedad. «*Y no dejemos de congregarnos, como lo hacen algunos, sino animémonos unos a otros, sobre todo ahora que el día de su regreso se acerca*» (Hebreos 10:25). El cristiano está llamado a servir con verticalidad y compromiso en una iglesia local. Por nada debe dejar de congregarse, sustituyéndolo por sermones radiales o por Internet. Ninguno de estos métodos reemplaza el beneficio que aporta la comunión directa con los hermanos en la fe. Nadie debe tomar la decisión de irse a otra congregación, simplemente, porque aquella tiene más ministerios u oportunidades que ofrecer. Sería una forma egocentrista de pensar. Si Dios nos lleva a otra congregación, es para contribuir a fortalecerla con todo aquello que Él ha depositado en nosotros.

En ocasiones, será necesario salir de la iglesia en la que hemos estado, pero es vital discernir la manera y el tiempo adecuado. Esto requiere oración, conocimiento de la Palabra, reflexión, y consejería de parte de otras personas que puedan ayudarnos a evaluar la situación de una manera objetiva y separada de lo puramente emocional. Esto pudiera tomar semanas o meses hasta concluir qué es exactamente lo que Dios está tratando de comunicarnos. No se debe tomar una decisión a la ligera porque el margen de error podría ser amplio. Por otro lado, esa decisión no debe tomarse sin antes comunicarla a los líderes de la congregación. Posiblemente, Dios desea usarnos donde estamos para contribuir a lo que puede mejorarse. Esto requiere paciencia, buena voluntad e integridad.

Como expresado anteriormente, cuando existe una desviación de la doctrina bíblica, abuso espiritual o maltrato, la alternativa correcta es salir de esa situación. Claro está, en la medida de lo posible, dicha salida no debe darse sin haber confrontado con amor aquello que consideramos que no se ajusta a la verdad. En algunos casos, la situación se origina en la tolerancia del pecado en el mismo seno del liderazgo. Esto crea un problema monumental para el creyente porque si ha perdido la confianza en las acciones de sus líderes o pastores, ¿cómo podrá confiarles el cuidado de su crecimiento espiritual? (1 Timoteo 3:2). Aún en esos casos, debe haber un intento de comunicar a los líderes de la congregación la situación de pecado existente porque esto podría contribuir a la rectificación de aquello que no anda bien en la iglesia. Si la situación no se corrige, ocasionando que se falte a la integridad de la Palabra, entonces no queda otra salida a la persona que decidir entre la fidelidad a Dios y la fidelidad al hombre o a la institución.

Muchos eligen permanecer en su lugar y justifican su decisión con que Dios aún no les ha autorizado a salir de allí. En algunos casos, se quedan —innecesariamente— en lugares tóxicos, atemorizados de salir. En este caso extremo, no debemos olvidar que «*Dios no nos ha dado un espíritu de cobardía, sino de poder de amor y de dominio propio*» (2 Timoteo 1:7).

Veamos el próximo diálogo, titulado «Buscando la iglesia perfecta» (autor desconocido)

—¡Hola, Pablo! Estoy decepcionado por muchas cosas de la iglesia a la que pertenezco, así que ando buscando una iglesia perfecta donde congregarme. Me gustaría que me informes de algunas de ellas.

Estoy pensando en asistir a la iglesia de Corinto, ¿qué opinas?

—Mira, la iglesia de Corinto tiene pequeños grupos (1 Corintios 1:12), también hay celos, contiendas y disensiones (1 Corintios 3:3), algunos son inmorales y fornicarios (1 Corintios 5) y, cuando tienen peleas, van hasta los tribunales (1 Corintios 6).

—¡Oh, bendito sea el Señor! ¿Y qué tal la iglesia de Éfeso?

—Fue una iglesia fundada en la Palabra (Hechos 19:20), pero, últimamente, hay muchas personas sin amor en la iglesia (Apocalipsis 2:4).

—En ese caso, voy para Tesalónica.

—En Tesalónica, hay algunos que caminan desordenadamente, no les gusta trabajar y se entrometen en lo ajeno (2 Tesalonicenses 3).

—¡Increíble!, ¡qué difícil situación, Pablo! ¿Y si voy a la iglesia de Filipos?

—Filipos sería una buena opción si no fuera por esas dos hermanas que no se ponen de acuerdo en nada y siempre están discutiendo (Filipenses 4:29).

—¿Qué dices, Pablo? Es increíble. Entonces, creo que me mudaré a Colosas y buscare allí a Dios.

—Mira, en Colosas, el problema es doctrinal, hay herejes que menosprecian la persona del Mesías. La cosa está mala allí. También, algunos rinden culto a los ángeles (Colosenses 2:18).

—¡Dios mío!, y ¿qué pasa si voy a Galacia?

—En Galacia, hay creyentes que se muerden y se devoran unos a otros. También, hay quienes satisfacen los deseos de la carne (Gálatas 5:15-16).

—¡No puede ser! Me puse en contacto con el apóstol Juan porque pensé asistir a Tiatira, pero me dijo que Tiatira es una iglesia muy poco firme con el pecado; han tolerado a una mujer que dice ser profetisa y enseña sobre la prostitución y a comer sacrificios idolátricos (Apocalipsis 2:20). Luego, pensé ir a Laodicea, pero Juan me dijo que hay algunas doctrinas extrañas como la de Balaam y la de los nicolaítas (Apocalipsis 2:14-15). Sabes Pablo, pensé ir a sentarme a la iglesia en Jerusalén, pero está llena de prejuicios con los gentiles (Gálatas 2:12-13). Además, he oído que allá hay muchas murmuraciones (Hechos 6:1) y muchos creyentes de doble cara, hasta matrimonios que se ponen de acuerdo para engañar al pastor (Hechos 5) ¿Es cierto todo esto Pablo?

—Así es.

—¿Y qué puedo hacer Pablo?

—Es simple. La Iglesia, desde el punto de vista humano, es imperfecta, pero Dios la está formando. ¿Has olvidado lo que le escribí a los efesios? «*A fin de presentársela a sí mismo, una iglesia gloriosa que no tuviese mancha ni arruga ni cosa semejante, sino que fuese santa y sin mancha*» (Efesios 5:27). Pronto seremos la iglesia perfecta, la asamblea universal de los primogénitos que están inscritos en los cielos. «*Vosotros, en cambio, os habéis acercado al monte Sion, a la ciudad del Dios vivo, Jerusalén la celestial, a la compañía de muchos millares de ángeles, a la congregación de los primogénitos que están inscritos en los cielos*» (Hebreos 12:22-23). Te doy un consejo: no busques una iglesia perfecta, busca al SEÑOR en una iglesia bíblica.

ELIGIENDO UNA NUEVA CONGREGACIÓN

La selección de una nueva iglesia es un asunto delicado que demanda seria consideración; por tratarse de una decisión significativa, no está exenta de cierto conflicto interno. Adaptarse a un nuevo entorno eclesial se hace difícil a menudo, ya que representa dejar lo conocido y amado para empezar en otro lugar. Algunos se adaptan rápidamente, pero para otros el ajuste está lleno de obstáculos, incluso al punto de creer que jamás lo alcanzarán. Las barreras pueden lucir infranqueables y, en ocasiones, no se sabe cómo empezar. Requiere paciencia, valentía y esfuerzo propio.

Veamos el siguiente relato:

En una comunidad rural, unas lluvias torrenciales derrumbaron el puente que daba acceso al pueblo. Era imposible salir o entrar. Los habitantes no sabían qué hacer. Un campesino tomó la iniciativa de juntar piedras; otros, se le unieron y trajeron arena. Así comenzó la reconstrucción del puente hasta que, entre todos, fue terminado. Quedarse estancado no soluciona problemas. No hay que rendirse ante las circunstancias, ellas no son las que nos impiden seguir adelante, sino nuestra actitud. «*En el mundo tendréis aflicción, pero, confiad, yo he vencido al mundo*» (Juan 16:33).

El desánimo y las aflicciones siempre tocarán a nuestra puerta, pero si cambiamos nuestra actitud y la forma en que reaccionamos ante los problemas, podremos desarrollar un enfoque adecuado que nos ayude a enfrentarlos y a crecer espiritualmente. Cuando estamos en una iglesia que posee muchas de las características que buscamos, aunque quizás no todas las que desearíamos, no debemos abandonarla impulsivamente. Debemos reflexionar que quizás Dios quiere usarnos para ser agentes de cambio en su crecimiento, sin olvidar que no hay iglesia perfecta. Al respecto, decía un maestro evangélico: «Si buscas y encuentras una iglesia perfecta, quizás tu llegada la echa a perder». Existe una gran cantidad de creyentes cuyo paso por las iglesias es efímero. Debemos cuidarnos de ser **cristianos turistas** que no deseamos comprometernos ni asumir responsabilidades.

Mi gran amigo y pastor Santos Rodríguez Sellas, en su escrito «*Cristianos Comprometidos*», señala: «Uno de los distintivos del creyente comprometido con Dios y con la Iglesia es que sale de la multitud y asume responsabilidad. La **multitud** tiene unas características muy definidas: es dependiente, siempre está a la expectativa de que se le dé de comer o de que se le sirva, se impresiona fácilmente por las señales y milagros —y va a donde sea para obtenerlos. Para ellos, la razón primordial para estar en la Iglesia es obtener beneficios personales. En ciertas etapas de vida, eso no es necesariamente malo, ya que muchos necesitan resolver alguna situación personal, por su vida llena de problemas y sinsabores. La **crisis** es la manera que Dios usa para atraerlos, para que adquieran conocimiento de la Palabra de Dios y experimenten el amor de los hermanos. Es posible que unos pocos de ellos, el día que dejen de recibir los beneficios, emigren de la Iglesia, quejándose de que no les sirvieron, porque las multitudes solo ven su propia necesidad. Usualmente, son presas del dolor y viven atados a una vida llena de tragedias. El ministerio de la Iglesia tiene que ser compasivo hacia ellos (Mateo 14: 13-21). El proceso de liberación y ubicación en el camino del Señor puede tardar. Por lo tanto, se requiere paciencia y que no se les obligue a caminar antes de tiempo, cosa que puede hacer más daño que bien. Hay que dejarlos crecer y madurar.

Desde su conversión, ya se van apreciando sus talentos, pero debe dárseles tiempo hasta que aprendan cómo se hacen las cosas en la Iglesia. En muchas iglesias, por la necesidad de líderes, apresuran a los nuevos creyentes a ocupar ministerios para los que no están espiritualmente listos. Muchos de ellos se frustrarán y renunciarán llenos de coraje y dolor. En la medida en que sus problemas sean atendidos y aprendan a depender de Dios por medio del conocimiento de las Sagradas Escrituras, su visión irá cambiando. Algunos de ellos, agradecidos, deben ser identificados por los líderes para que sirvan de una manera efectiva, una vez adiestrados. Hay que sacarlos aparte para que aprendan el orden de gobierno del reino de Dios. Es necesario que sepan trabajar en equipo y puedan dar cuentas. Si enseñamos de la manera correcta, serán líderes útiles y poderosos en milagros y dones. La formación de su carácter espiritual debe ser por medio de las personas que conocen y creen en la visión de la iglesia local.

Las buenas costumbres se aprenden de otros (1 Corintios 4:16-17 y 2 Tesalonicenses 3:7). El pastor debe tener un cuidado personal de los nuevos creyentes y no dejar de supervisar a las personas que los atienden. Si puede escribir su propio discipulado, sería lo mejor, ya que, esto fortalecería la visión de la iglesia local. Asimismo, debe haber un día específico para darles clases fuera de las reuniones regulares de la iglesia. Ese es un buen momento para contestar todas sus dudas e inquietudes. Todos fuimos «multitud» en algún momento. Llegamos al Señor con necesidades específicas y fueron cubiertas por Dios y la Iglesia. Lo que no debe pasar es que toda la vida nos quedemos como multitud. Un creyente tiene la necesidad de crecer; hacerlo es su proceso natural.

Es difícil identificar a alguien en la multitud porque se esconde entre la gente. Es tarea del líder reconocerlo poco a poco y sacarlo de la multitud para enseñarle. ¿Qué detalles debemos observar? Su actitud al desempeñar su trabajo, su manera de tratar la gente, sus habilidades naturales y su relación con Dios. Es importante que el líder potencial sea puesto al cuidado de un maestro probado que le sirva de mentor. Las personas nuevas tienen que conocer la visión de la persona llamada al ministerio y cómo integrarse a esta. Es recomendable que no se ponga a nadie en posiciones ministeriales hasta que esa persona se convierta en un creyente formado y conozca la visión de la Casa. Uno de los problemas que he encontrado en las iglesias donde he compartido el seminario para líderes «*Relaciones de Pacto*» es que las iglesias están a la expectativa de que Dios les traiga los líderes formados de otras congregaciones. Eso es un error enorme.

Muchos pastores se emocionan cuando les llegan personas de otras iglesias. Puede tratarse de personas que se expresan con elocuencia o que son músicos; en fin, que tienen habilidades naturales de liderazgo. Inmediatamente, piensan que Dios escuchó sus oraciones y les trajo una bendición. **¡Cuidado!** Hay que darles tiempo para conocerlos mejor. Siendo realistas, algunos de ellos se convierten en un beneficio para tu ministerio, pero a todos ellos hay que hacerlos hijos de la visión. El Papa Francisco, en una misa matutina celebrada en la capilla Casa de Santa Marta en el Vaticano, habló sobre los muchos cristianos que se fían de las promesas de Dios y las siguen a lo largo de la vida. También, se expresó sobre aquellos cuya vida de fe se estanca y sobre otros que, aun convencidos de progresar, hacen solo «turismo existencial».

LO QUE DEBES CONOCER DE UNA NUEVA IGLESIA

En Puerto Rico como en otros países, existen miles de iglesias con diferentes interpretaciones doctrinales y prácticas. Los pueblos y campos de nuestro archipiélago están inundados de templos cristianos. Es un fenómeno que parece no detenerse. Muchas personas indican tener un llamado de Dios y lo próximo que hacen es dejar su iglesia de origen, habilitar un local, rotularlo como «iglesia» y, a los pocos días, hay allí un grupo de personas reuniéndose. Así comienzan muchos, pero es bueno que los visitantes posean algún criterio bíblico que los guíe a seleccionar el lugar al que van a asistir. El templo puede ser hermoso, acogedor, cómodo y, convenientemente, cercano, pero ¿eso es todo lo que debemos desear? La respuesta es no, pues existen, al menos, tres criterios que debemos considerar:

1. EL FUNDAMENTO ESPIRITUAL

La palabra «**fundamento**» proviene del latín «*fundamentum*», y significa cimiento, soporte, principio u origen sobre el que descansa y se apoya un edificio u otra cosa; es decir, una base sólida. Los arquitectos e ingenieros dan importancia primordial en sus diseños a los cimientos de la construcción que realizarán. Al hacer las excavaciones de rigor, descartan la tierra blanda e inestable y colocan un cimiento sólido, estable y duradero. Generalmente, usan piedra, acero y concreto para dar firmeza a la estructura.

Nos recuerda el consejo bíblico de construir sobre la roca, así debe edificarse la vida espiritual de los creyentes en Cristo: «*Por tanto, todo el que me oye estas palabras y las pone en práctica es como un hombre prudente que construyó su casa sobre la roca. Cayeron las lluvias, crecieron los ríos y soplaron los vientos y azotaron aquella casa; con todo, la casa no se derrumbó porque estaba cimentada sobre la roca*» (Mateo 7:25-26).

«*Edificados sobre el fundamento de los apóstoles y profetas, siendo Cristo Jesús mismo la piedra angular. En él, todo el edificio, bien armado, se va levantando para llegar a ser un templo santo en el Señor*» (Efesios 2:20-21). La mejor descripción de una iglesia viva y creciente se encuentra en Hechos 2:42-47, donde se declara que los creyentes «*perseveraban en la doctrina de los apóstoles, en la comunión unos con otros, en el partimiento del pan y en las oraciones*». Luego, dice que se ayudaban unos a otros y alcanzaban a aquellos que necesitaban conocer al Señor, por lo que Él «*añadía cada día a la iglesia los que habían de ser salvos*». Cuando estas cosas están presentes, la iglesia experimenta un verdadero crecimiento espiritual. Por todo lo dicho, antes de movernos a otra iglesia, es imprescindible evaluar su fundamento espiritual, «*pues nadie puede poner otro fundamento que el que ya está puesto, el cual es Jesucristo*» (1 Corintios 3:11).

2. AUTENTICIDAD TEOLÓGICA DE SUS CREENCIAS

Creemos en la salvación por medio de Jesucristo y en la justificación, por la fe en la obra del Espíritu Santo y vivimos con la esperanza de que, al morir, seremos resucitados con un cuerpo transformado, incorruptible y glorificado. Nuestra esperanza de resurrección se basa en que Jesucristo murió y resucitó de entre los muertos. «*Pues sonará la trompeta y los muertos resucitarán con un cuerpo incorruptible y nosotros seremos transformados*» (1 Corintios 15:52). Esta es la garantía ofrecida por el Maestro referente a los que mueren creyendo en Él. La doctrina de la resurrección de Cristo es parte fundamental de la fe cristiana, piedra angular de nuestra fe. Está establecida sobre el fundamento seguro de Cristo, los apóstoles y los profetas. «*Sois [...] miembros de la familia de Dios, edificados sobre el fundamento de los apóstoles y profetas, siendo la principal piedra del ángulo Jesucristo mismo*» (Efesios 2:19-20).

Es importante conocer qué se cree sobre la deidad de Cristo, qué lugar ocupa su obra redentora en la cruz del Calvario, su muerte y resurrección. ¿Qué se enseña sobre la segunda venida de Cristo, de la santificación de los creyentes, del bautismo, de la comunión y la salvación por gracia por medio de la fe en Cristo? Es indispensable examinar la estructura de la iglesia. David Wilkerson dijo lo siguiente: «Recientemente, caminé a través de una casa nueva en construcción. Noté columnas que no estaban reforzadas, uniones de materiales que no juntaban bien y vigas torcidas y desiguales. Eran defectos estructurales obvios en esa casa publicada como construida por "¡los mejores y verdaderos constructores!"»[17].

3. VISIÓN Y MISIÓN

La Biblia entera gira alrededor de la persona de Jesucristo y su misión. Jesús, el Hijo de Dios, vino al mundo

---

[17] Tomado de un artículo escrito por Mike Fitzhugh que apareció en la revista «*Masterpiece*» en la edición de julio/agosto del 1990.

para cumplir una misión: «*Porque el Hijo del Hombre vino para salvar lo que se había perdido*» (Mateo 18:11). Para nosotros, la misión significa participar en los propósitos de Dios, cuyo fin es redimir toda la creación. «*Por tanto, vayan y hagan discípulos de todas las naciones, bautizándolos en el nombre del Padre y del Hijo y del Espíritu Santo*» (Mateo 28:19). La visión y misión de la iglesia, si están arraigadas firmemente en la Palabra, son un llamado a no conformarnos con permanecer sentados en nuestros templos en espera de que la gente llegue. Tenemos la encomienda de ir, de salir y de dar a conocer las buenas nuevas que se registran en el libro sagrado: la Biblia.

CRITERIOS SENSATOS AL CAMBIAR DE CONGREGACIÓN

Recalcamos que elegir el lugar donde asistiremos regularmente con nuestras familias a aprender la Palabra de Dios es de suma importancia. Si en algo guarda parecido con la adquisición de una vivienda, es que, al decidir sobre ambas, es preciso conocer una serie de cosas:

- ❖ ¿Dónde está ubicada?
- ❖ ¿Llenará las necesidades de la familia?
- ❖ ¿Está espiritualmente bien construida sobre un sólido fundamento bíblico?
- ❖ ¿Provee un ambiente saludable?

Estas y otras son preguntas válidas porque en esa casa espiritual permanecerán como familia por el tiempo que sea necesario; por tal razón, es necesario conocerla a cabalidad. Algunos creyentes, conscientes de esto, piden recomendaciones de una buena iglesia en el área donde se han mudado o piensan residir.

Al igual que con la vivienda física, al escoger una iglesia debe considerarse su fundamento, estructura, función, ambiente y visión. Tal vez, andamos en busca de una iglesia que provea a nuestros hijos de un firme conocimiento bíblico o anhelamos un entrañable compañerismo y una experiencia viva de alabanza y adoración. Quizás, necesitamos satisfacer alguna otra necesidad de vida, como sanidad emocional o apoyo en alguna crisis. Ese «algo», tal vez, determina la iglesia que se selecciona finalmente.

¿QUÉ DEBEMOS OBSERVAR?

Comencemos por entender que ninguna iglesia es perfecta. Algunas pueden tener estructuras excelentes y reuniones dinámicas en un buen ambiente; otras, tienen distintas fortalezas, pero quizás necesitan arreglar la estructura de la organización o —incluso— las relaciones entre sus feligreses. Por todas esas razones, es de primordial importancia buscar la voluntad de Dios y ser dirigido por el Espíritu Santo en la selección de una nueva comunidad de fe. También, hará falta evaluar cómo contribuiremos con nuestras capacidades y dones a ese ministerio. De lo contrario, será una iglesia más en nuestra incesante búsqueda.

Antes de hacer una transición de iglesia, debes conocer:

- ❖ si los líderes de la iglesia funcionan de acuerdo con los principios del Nuevo Testamento (1 Timoteo 3:1-13);
- ❖ si el pastor de la iglesia lleva una vida intachable: si es fiel a su cónyuge, si es una persona conocida por tener dominio propio, si vive sabiamente, goza de buena reputación y no tiene vicios ni tendencia a la ira descontrolada;
- ❖ si el pastor tiene la capacidad de enseñar, es amable, no anda en pleitos ni es codicioso del dinero;
- ❖ si el pastor dirige bien a su propia familia y sus hijos llevan una vida ordenada;
- ❖ si el pastor, como líder de la iglesia, es un creyente maduro y no un neófito;
- ❖ si el ministerio de la iglesia tiene un sentido de orden; esto incluye sus servicios, enseñanza y administración.

❖ Además, es importante conocer las metas del liderazgo. Un objetivo o meta impulsa el trabajo y mantiene el enfoque.

OTROS CRITERIOS PARA CONSIDERAR:

❖ ¿Qué planes futuros tiene la iglesia?
❖ ¿Enfatiza el liderazgo en la importancia de honrar y glorificar a Dios en todas las cosas? «*Y todo lo que hagan, de palabra o de hecho, háganlo todo en el nombre del Señor Jesús, dando gracias por medio de Él a Dios el Padre*» (Colosenses 3:17).

Es preciso visitar diferentes iglesias y no basar la selección en primeras impresiones. De ser posible, conviene contactar diferentes miembros de la iglesia para intentar comprender cómo ésta funciona, incluso hacer una búsqueda discreta para saber si hay problemas recurrentes y de peso por las que otros hayan salido de ese grupo eclesial. Si es posible, abordar exmiembros al respecto y tener información de primera mano. Asimismo, es indispensable que la iglesia seleccionada esté comprometida con enseñar la Palabra de Dios y apoyar el diseño de Dios para la familia (1 Corintios 3:18-21), ya que, después de Dios, la familia es lo más importante. Además, debe estar marcada por el amor: «*Sobre todo, sean fervientes en su amor los unos por los otros, pues el amor cubre multitud de pecados*» (1 Pedro 4:8). Hay que observar si se ministra a las necesidades de los congregados e, igualmente, si la congregación demuestra estima al pastor y a sus líderes, según el consejo bíblico de tenerles en «*mucha estima y amor por causa de su obra*» (1 Tesalonicenses 5:12-13).

Si, luego de hacer un análisis ponderado, decides ubicarte en esa congregación, debes considerar lo siguiente:

1. **¿Voy dispuesto a servir a la iglesia?** Si «*Jesús amó a la iglesia y se entregó por ella*» (Efesios 5:25), cada uno de nosotros debe hacer lo mismo. Debemos amar la iglesia lo suficiente como para dar de nuestro talento, tiempo, posesiones y esfuerzo. Si queremos ser usados por Él, nuestra entrega debe brotar de un corazón agradecido. También, necesitamos tener una vida de oración e intimidad con Él y llenarnos de Su Palabra. Solo así prosperará lo que hagamos.

2. **¿Tengo la disposición de colaborar con la iglesia en su esfuerzo evangelizador?** Cuando nos ubicamos en una iglesia, debemos tener la determinación de participar activamente con otros con el propósito de alcanzar a quienes aún no han tenido un encuentro con el Maestro.

3. Nuestra participación en las actividades de la iglesia debe ser consistente. La fidelidad es un indicador de madurez y un estímulo para otros. Debemos estar dispuestos a trabajar junto al pastor y los líderes. Para ello, es necesario **indagar en qué ministerios o actividades podemos ser útiles**. Nuestros dones deben ser usados para la edificación de la iglesia.

4. Como buenos administradores de nuestros recursos, será un privilegio y un gozo **contribuir fielmente para la obra de Dios**. Nunca podremos darle a Dios más de lo que Él nos ha dado. También, debemos tener presente que Dios ama al que da con alegría.

5. Por cuanto no ignoramos las estrategias de Satanás, debemos estar conscientes de que siempre habrá problemas que enfrentar en cualquier congregación de los santos. Debemos **procurar ser parte de la solución a las situaciones que surjan.**

6. En cualquier grupo que nos establezcamos, debemos **determinar dar lo mejor de nosotros mismos**, eliminando la queja y la murmuración. Los problemas tienen solución y podemos ser parte de ella. Nada logramos con lamentarnos, quejarnos, juzgar o criticar. Debemos integrarnos a los equipos que trabajan y estar dispuestos a hacer lo que sea menester. Es muy gráfico el ejemplo de los remeros en una embarcación. Todos deben remar en la misma dirección. Si uno de ellos rehúsa remar, el bote va despacio. Si alguno rema en otra dirección, el bote se mueve de forma errática. Si el grupo no rema al unísono, la nave no lleva un rumbo fijo. Si cada uno decide detenerse a reponer fuerzas cuando lo considera necesario, el bote nunca llegará a puerto. Por ello, es tan importante que todos trabajen de forma coordinada y en la misma dirección. Al unirnos a una congregación, debemos entender que somos remeros importantes en el proceso de llegar a puerto seguro. Generalmente, los que critican pasan por alto las cosas buenas y se enfocan en las malas. La queja constante es una falla del carácter que disminuye la capacidad de resolver problemas. Cuando algo nos desagrada, debemos comunicarlo y estar dispuestos a enfrentar la situación con espíritu de mansedumbre. Si alguien tiene una perspectiva

diferente de la nuestra, debemos tener la voluntad de escuchar. En algunos casos, descubriremos que tenemos objetivos similares y que solo se trata de unirnos para cambiar las cosas. Tal vez, podríamos ser ese elemento cohesivo, ya que escogimos unirnos a esa iglesia para perseverar y dar lo mejor de nosotros mismos. Debemos aspirar a ser de los que transforman situaciones no deseadas en circunstancias mejores.

En fin, el que desea pertenecer a una iglesia debe procurar:

- formar parte del equipo de trabajo;
- esforzarse por el crecimiento y funcionamiento de ella;
- respetar a todos los integrantes de esa iglesia;
- respetar las normas que la iglesia ha establecido, y
- valorar y reconocer la importancia de la iglesia en la comunidad.

La **falta de compromiso** en la vida cristiana es una de las principales causas del alejamiento de la Iglesia. La decisión de seguir a Jesús conlleva un costo, un sacrificio muy alto y es necesario y fundamental dejar el pecado, vivir la santidad, la integridad y la honestidad. «*Si vivimos por el Espíritu, andemos también por el espíritu*» (Gálatas 5.25). El compromiso va más allá de dar cara en la congregación. Si bien una familia de éxito es aquella donde todos los integrantes contribuyen para lograr el propósito que persiguen, en la Iglesia del Señor no es menos. Al ubicarnos en una iglesia como familia, debemos saber que esa decisión influirá notablemente en la vida espiritual de todos. Los hijos crecerán espiritualmente, echarán profundas raíces de amor que les acercará a otros hermanos y, posiblemente, allí mismo formarán nuevos hogares. Es evidente que nuestra decisión respecto a dónde vamos a congregarnos tendrá un efecto sobre las generaciones venideras.

DEAMBULANTES DE IGLESIAS

LO QUE PUEDE ESPERARSE AL CAMBIAR DE IGLESIA

Hemos señalado que algunas personas que —voluntariamente— pasan de una iglesia a otra, en su mayoría no lo hacen de la mejor manera: se marchan con razones sin fundamento bíblico. Independientemente de cómo salgamos, siempre habrá secuelas emocionales. El impacto emocional tiene que ver con que dejamos atrás gente muy significativa y valiosa que formó parte de nuestro crecimiento espiritual. Puede resultar fácil para unos y difícil para otros crear nuevos lazos de amistad en otra iglesia. El impacto emocional de un traslado puede manifestarse de distintas formas, como las siguientes dos:

1. Sentido de aislamiento

De primera intención, podemos sentir que no encajamos en el nuevo entorno. Es natural. El sentimiento de soledad es uno de los problemas más comunes del mundo cuando hablamos de emociones humanas. La soledad no es pecaminosa, es una experiencia que nos puede impactar en cualquier momento. El apóstol Pablo la experimentó cuando estuvo preso y escribió a su amado «hijo» Timoteo: «*Procura venir pronto a verme. Demas me abandonó porque ama las cosas de esta vida y se fue a Tesalónica. Crescente se fue a Galacia, y Tito a Dalmacia. Solo Lucas está conmigo*» (2 Timoteo 4:9). Aunque las circunstancias no cambien, nuestra actitud ante la soledad y el aislamiento, pueden cambiar el panorama. Debemos tenernos paciencia y darnos tiempo para conocer nuevas personas y adaptarnos al cambio.

2. VACÍO AFECTIVO

Al cambiar de iglesia, nos alejamos de los hermanos en la fe, con quienes hemos compartido por cierto tiempo y con quienes creamos profundos lazos de afecto. De la noche a la mañana, nos pueden asaltar sentimientos de desconexión o nos golpea la realidad de que echamos de menos las amistades que ya no están. La situación se agrava si, al salir de la congregación, nuestros antiguos hermanos nos etiquetan de renegados, aliados de Satanás o rebeldes. En ciertos casos, puede que los que guiaron nuestra vida espiritual se tornen intransigentes y hasta prohíban a la congregación todo contacto con el que se fue. La desestabilización producida por el rechazo puede ser terrible. La persona pierde el calor del grupo y el afecto de los que para él/ella han sido una verdadera familia.

Un pastor que tuvo que irse del movimiento eclesial en el que militaba, describe el vacío afectivo de la siguiente manera: «Fui citado a varias reuniones con el liderato del concilio de iglesias. Al final, todo resultó ser una dura confrontación para pasar juicio sobre mi persona. Me señalaban como supuesto líder de un grupo de ministros que conspiraba en secreto contra los líderes del movimiento. A su modo de ver, teníamos ambiciones ocultas, estábamos en contra de todo lo establecido y éramos inconformes —según sus palabras, "sin importar cuánto se nos diera". La acusación era falsa, nunca existió tal conspiración. La realidad es que no poseían evidencia de nada de lo que señalaban, pero las acusaciones estaban sobre la mesa y ya se habían esparcido por todo el cuerpo pastoral. Tras repetidas reuniones, nada de lo dicho pudo probarse, pero la desconfianza terminó marcando a unos y a otros. Finalmente, algunos de los pastores señalados abandonaron el movimiento. Salieron heridos y dolidos. La relación entre algunos se laceró terriblemente. Los que permanecieron temían tener contacto con ellos por temor de ser señalados como cómplices. Muchas familias quedaron marcadas por la tirantez de las relaciones, y la tristeza y la frustración sobrecogieron a las personas involucradas. ¿A dónde acudirían estos pastores y sus familias? ¿Con quiénes se reunirían para confraternizar? Uno de ellos dijo: "Me encontré completamente solo y esto fue terrible para mí". Aquellos discursos acusatorios trajeron como resultado la pérdida de unos apreciados lazos de hermandad».

Después de salir de su entorno eclesiástico, la persona puede presentar dificultades para establecer nuevas relaciones a causa de la desconfianza que les crea la falsa conclusión de que todo el mundo es igual. Decir que todos son hipócritas o deshonestos es una mentira de Satanás que nos induce a no volver a confiar, alejándonos de la comunión de los santos. Es una distorsión de la realidad, ya que hay miles de creyentes honestos y que viven en integridad moral y espiritual. Nuestra vida entera se basa en relaciones de confianza, ya sean laborales, sociales o familiares. Esto, por supuesto, incluye nuestras relaciones como cristianos. ¿Qué ocurriría si perdemos la capacidad de confiar? Pensemos por un momento que acudimos a un médico que nos va a intervenir por un tumor en la cabeza. ¿Iremos confiados a esa cirugía o no? Igual ocurre cuando dejamos nuestros hijos en un cuido. Todo tiene que ver con la confianza. La confianza es necesaria para el éxito y para nuestra propia felicidad y estabilidad. Es un proceso en el que debemos trabajar con nosotros mismos para volver a confiar. Para lograrlo, necesitamos rodearnos de gente con valores semejantes a los nuestros y cultivar nuevas amistades.

NO DEJES DE CONGREGARTE

LifeWay Research examinó la cuestión de por qué la gente abandona la Iglesia, enfocándose en adultos jóvenes, y encontró esto:

a. Aproximadamente, un 97 % dijo que era debido a los cambios de vida o situaciones.
b. Un 27 % quería un descanso de la Iglesia.
c. Un 25 % se había trasladado a la universidad.
d. Un 23 % indicó que, por su trabajo, se le hizo difícil o imposible asistir.
e. Un 58 % indicó que fue a causa de su iglesia o del pastor.
f. Un 26 % indicó que los miembros de la iglesia parecían críticos/hipócritas.
g. Un 20 % dijo que no se sienten conectados con la gente de la iglesia.
h. Un 15 % señaló que los miembros de la iglesia eran antipáticos y poco acogedores.
i. Un 52 % indicó algún tipo de creencias religiosas, éticas o políticas como razón de abandonar la Iglesia.
j. Un 18 % no estuvo de acuerdo con la postura de la iglesia sobre temas políticos o sociales.
k. Un 17 % dijo que solo iban a la iglesia para complacer a los demás.
l. Un 16 % dijo que ya no querían identificarse con la Iglesia o la religión organizada.

El grupo de investigación Barna señala que, cada año, uno de cada siete adultos cambia de iglesia. Se trata de personas que se congregan sin la intención de permanecer fieles a una congregación. Tom y Joani Schultz, en su libro «*Why Nobody Wants to Go to Church Anymore*», destacan varias causas «de fondo» que la gente ofrece para explicar por qué dejaron la Iglesia, y se aplican tanto al escenario católico como al protestante. Entre ellas, hay una muy trillada: la de que la Iglesia está llena de hipócritas. Los autores explican que, al hablar de hipócritas, se refieren a «los otros». Lo cierto es que los cristianos nunca serán suficientemente virtuosos para los exigentes estándares de los «alejados». No importa cuánto bien hagan los cristianos que conocen, el caza-hipócritas siempre encontrará algún cristiano que no es suficientemente bueno en su opinión. Y si no hay alguien así en su entorno, lo encontrará en los medios de comunicación: un cura estafador, un pastor acusado de hostigamiento sexual o un religioso que cometió un crimen. Igualmente, los autores indican que otros se alejan de las iglesias porque creen que «Dios está "distante", "muerto" o "es irrelevante"», y dicen «no veo a Dios"».

Debemos reflexionar en estos puntos. Cuando las cosas marchan bien en nuestras vidas, es fácil ver a Dios. Él nos ha provisto de alimentos, amigos, familia y ha puesto gozo en nuestros corazones; y, aun así, lo ignoramos. Pero cuando las circunstancias no son agradables y tenemos diversos problemas, comenzamos a preguntarnos si realmente Dios existe. ¿Dónde está Dios? ¿Por qué lo siento lejos de mí? ¿Por qué no me responde?

Se impone hacer memoria de las veces que atravesamos situaciones de crisis en el pasado y la oración de un hermano en la fe, la visita o la llamada telefónica del pastor o una palabra dicha a tiempo por alguien trajeron consuelo al corazón. Debemos recordar la fidelidad de Dios en corregirnos por Su Palabra o alentarnos por Su dulce Espíritu. Si bien es cierto que quizás alguna vez hemos confrontado algún malentendido o actitud negativa de alguien, no es menos cierto que hemos sido bendecidos en la Casa de Dios. Las buenas experiencias deben pesar más que las limitaciones. Tengamos en alta estima la Iglesia del Señor que, con sus limitaciones, carencias y defectos, es el Cuerpo de Cristo y hemos sido bendecidos allí. «*¿Se olvidará la mujer de lo que dio a luz, para dejar de compadecerse del hijo de su vientre? Aunque ella lo olvide, yo nunca me olvidaré de ti*» (Isaías 49:15). El Salmo 27:10 expresa lo siguiente: «*Aunque mi padre y mi madre me hayan abandonado, el Señor me recogerá*».

¿Y SI NO ES NECESARIO SALIR?

El mal ambiente en el entorno en que nos movemos (la iglesia, en nuestro caso) genera ansiedad y estrés, y esto tiende a repercutir en nuestro estado anímico. En tales circunstancias, podemos salir huyendo o enfrentar la situación. Si nos quedamos, puede ser que nos sintamos irritados con relaciones deficientes con los que nos rodean. Si salimos huyendo, dejamos atrás la situación, pero nos llevamos el problema en nuestro ser. Lo importante no es obviar lo que está pasando —porque es posible que las cosas se agraven hasta causar mayor daño—, sino confrontar la situación y hacer un profundo análisis sobre si debemos quedarnos o si debemos salir[18] de ese entorno. A continuación, unas recomendaciones de contenido bíblico que nos pueden ayudar cuando enfrentemos situaciones difíciles en el entorno eclesiástico:

1. SI NO PUEDES CAMBIAR LAS CIRCUNSTANCIAS, CAMBIA LA ACTITUD

Pablo y Silas dieron un maravilloso ejemplo al ser arrestados, golpeados y arrojados a un húmedo calabozo en Filipo. «*Pero a medianoche, orando Pablo y Silas, cantaban*

---

[18] Si determinas que no es necesario salir de la iglesia, busca establecer un diálogo con las personas que te han provocado incomodidad. La comunicación es la clave, siempre debe ser la primera opción ante cualquier situación de conflicto, pues evita la complicación del problema.

himnos a Dios y los presos los oían» (Hechos 16:24-25). Habían sido maltratados, podían escoger entre llorar o cantar, y eligieron cantar. Podemos aprender a mirar la crisis como una oportunidad. Nadie desea las crisis, pero ellas tienen el potencial de sacar lo mejor de nosotros. A veces, son precisamente ellas las que propician que crezcamos y aprendamos a remontarnos sobre los eventos adversos de la vida. La creatividad nace de la angustia, como el día nace de la noche oscura. La crisis puede producir inventos, descubrimientos y nuevas estrategias. «Quien supera la crisis se supera a sí mismo. Quien atribuye a la crisis sus fracasos y penurias violenta su propio talento y respeta más los problemas que las soluciones» (Albert Einstein).

2. CUIDA LO QUE DICES

Estás en el lugar donde Dios te llevó y plantó para ser de bendición. Ningún hombre te dirigió para llegar allí, sino Dios, que, en su bondad y misericordia, se complació en colocarte para ser instrumento útil en sus manos. Entonces, es preciso cuidarse de hacer alianzas que produzcan división con personas que en nada aportan a nuestro crecimiento espiritual ni al de la Iglesia. Esta clase de alianzas retrasa los planes de Dios.

Consideremos el siguiente caso del Antiguo Testamento que aparece en Números 16:

«*Un levita descendiente de Quehat, llamado Coré, hijo de Ishar, y tres hombres más de la tribu de Rubén, llamados Datán y Abiram, hijos de Eliab, y On, hijo de Pélet, se rebelaron contra Moisés. A ellos, se les unieron otros doscientos cincuenta israelitas, hombres de autoridad en el pueblo, que pertenecían al grupo de consejeros y tenían buena fama. Todos ellos se reunieron, se enfrentaron con Moisés y Aarón, y les dijeron: "¡Basta ya de privilegios! Todo el pueblo ha sido consagrado por Dios, y el Señor está con todos nosotros. ¿Por qué se levantan ustedes como autoridad suprema sobre el pueblo del Señor?". Al oír esto, Moisés se inclinó hasta tocar el suelo con la frente, y dijo a Coré y a los que lo seguían: "Mañana por la mañana, el Señor hará saber quién le pertenece y quién le está consagrado y puede presentarle las ofrendas. Solo podrá presentarle ofrendas aquel a quien él escoja. Hagan lo siguiente: traigan los incensarios de Coré y sus compañeros, pónganles brasas, échenles incienso y colóquenlos mañana delante del Señor. El hombre a quien el Señor escoja es el que le está consagrado. ¡Y basta ya, levitas!".*

Luego, dijo Moisés a Coré: "Óiganme, levitas, ¿les parece poco que el Dios de Israel los haya escogido a ustedes de entre el pueblo de Israel, y que estén cerca de él y se ocupen de los oficios del santuario del Señor y presten este servicio al pueblo? El Señor ha querido que tú y los demás miembros de tu tribu, los levitas, estén cerca de él, ¿y ahora ambicionan también el sacerdocio? Realmente, Aarón no es nadie para que hablen mal de él; es contra el Señor contra quien tú y tus compañeros se han rebelado". Luego, Moisés mandó a llamar a Datán y a Abiram, hijos de Eliab, pero ellos respondieron: "No queremos ir. ¿Te parece poco habernos sacado de un país donde la leche y la miel corren como el agua, para hacernos morir en el desierto, que, además, quieres ser nuestro jefe supremo? Tú no nos has llevado a ningún país donde la leche y la miel corran como el agua, ni nos has dado campos ni viñedos. ¿Quieres que todos se dejen llevar como si fueran ciegos? No, no iremos a verte". Como resultado final, esta división produjo dolor y muerte en el pueblo de Israel».

En un pasaje del Nuevo Testamento, el apóstol Pablo dice: «*Alejandro, el que trabaja el cobre, me hizo mucho daño, pero el Señor lo juzgará por lo que ha hecho. Cuídate de él, porque se opuso firmemente a todo lo que dijimos*» (2 Timoteo 4:13-14). La Biblia menciona en el libro de Nehemías, tres personajes llamados Sanbalat, Tobías y Gesem. Estos hombres, por medio del ridículo, la intimidación y amenazas, trataron de impedir que Nehemías reconstruyera los muros de Jerusalén. Lo acusaron de rebelión contra el gobierno persa y lo invitaron a la llanura de Ono para celebrar una conferencia, con la idea de secuestrarlo y asesinarle. Llegaron al punto de hacer preparativos para lanzar un ataque armado contra Jerusalén. Pero Nehemías estuvo a la altura de las circunstancias, y no cayó en ninguna de las trampas de los adversarios. Tomó medidas eficaces para defender la ciudad del ataque que los enemigos, finalmente, no se atrevieron a llevar a cabo. En muchas iglesias, se levantan «Sanbalat» y «Tobías» con la intención de destruir la obra y el propósito de Dios. Incluso, hay personas que se prestan para destruir, no tanto de forma física, sino socavando las bases para sembrar el desconcierto en el pueblo.

¿Nos iremos de nuestra iglesia en reacción a aquellos que son instrumentos en las manos del enemigo? No. Hagamos lo que hizo Nehemías. Enfrentemos con valentía a los opositores. Sobre todo, desarrollemos un plan de acción para buscar la ayuda del Todopoderoso. Hay mucho trabajo que hacer. En la Casa de Dios encontraremos personas desanimadas, sin gozo y sin propósito de vida. Es ahí donde nuestro ministerio puede ser efectivo: con el abrazo fraternal, la sonrisa o las palabras de aliento, en obediencia a lo que Dios pone en nuestro corazón. No somos los únicos que atravesamos momentos difíciles, otros también los están pasando y, sin duda, podemos ser instrumento en las manos de Dios para bendecirles. «*Y después de que hayáis sufrido un poco de tiempo, el Dios de toda gracia, que os llamó a su gloria eterna en Cristo, Él mismo os perfeccionará, afirmará, fortalecerá y establecerá»* (1 Pedro 5:10). «*Y el Dios de paz que resucitó de entre los muertos a Jesús nuestro Señor, el gran Pastor de las ovejas, mediante la sangre del pacto eterno, os haga aptos en toda obra buena para hacer Su voluntad, obrando Él en nosotros lo que es agradable delante de Él mediante Jesucristo, a quien sea la gloria por los siglos de los siglos»* (Hebreos 13:20-21).

PERO SI SALES...

El pastor H.B Charles Jr. escribió un artículo titulado «Cómo salir de una iglesia local de una manera que honre a Cristo». En su artículo, ofrece las siguientes recomendaciones:

1. **Ora** – Las decisiones importantes deben realizarse, únicamente, después de la oración diligente. Dejar una iglesia es una de esas decisiones. Ora sobre tus motivos, tu ministerio y tus relaciones. Ora para que tu corazón sea guardado (Proverbios 4:23). Ora por sabiduría (Santiago 1:5). Ora por sumisión a la voluntad de Dios (Colosenses 1:9). Ora en voz baja; es decir, ora, no andes hablando por ahí. Hablar por hablar y exteriorizar pensamientos y sentimientos que no están procesados puede sembrar discordia.

2. **Examina tus motivos** – ¿Por qué quieres irte? No nos referimos a las razones «correctas» o aceptables que les decimos a los demás, sino a las verdaderas motivaciones de nuestro corazón. ¿Las sabemos? Debemos pedir a Dios que nos examine. «*Examíname, oh, Dios, y conoce mi corazón; pruébame y conoce los pensamientos que me inquietan. Señálame cualquier cosa en mí que te ofenda y guíame por el camino de la vida eterna*» (Salmos 139:23-24). Partiendo de ahí, nos toca ser honestos con nosotros mismos y ser honestos con Dios. Debemos asegurarnos de no movernos por las razones equivocadas.

3. **Revisa los compromisos contraídos para servir** – ¿Presto algún servicio en la iglesia? ¿Soy líder? ¿Mi salida interrumpirá algún ministerio? Debemos

responder estas preguntas en oración antes de marcharnos. Si hemos contraído compromisos, debemos hacer lo que esté a nuestro alcance para cumplir con ellos. El honor de Cristo debe ser puesto antes que el nuestro. Poniendo de lado los asuntos que nos han causado molestia, no debemos encontrarnos «ausentes sin permiso», sin concluir la misión que Dios nos haya encomendado (1 Corintios 15:58).

4. **Soluciona los conflictos interpersonales no resueltos** – No debemos salir de una iglesia porque estamos enojados por algo ni porque alguien nos ha ofendido. Mas bien, debemos estar preparados para perdonar y buscar reconciliación. Jesús dijo: «*Si estás presentando tu ofrenda en el altar, y allí te acuerdas de que tu hermano tiene algo contra ti, deja allí tu ofrenda delante del altar y vete. Reconcíliate primero con tu hermano y, entonces, ven y presenta tu ofrenda*» (Mateo 5:23-24). La comunión rota interfiere con la verdadera adoración a Dios.

5. **Considera cómo tu partida afecta a los demás** – El cristianismo no se trata, únicamente, de mí; se trata de Cristo y de los demás. En mi corazón, debo ponderar cómo mi salida herirá o influirá en otros. Si nos vamos sin que nadie lamente nuestra salida, significa que no tuvimos efecto alguno en otras vidas. Si nuestra presencia importa, debemos tomar en consideración cómo esto afectará a otros. «*Que cada uno de ustedes vele, no solo por sus propios intereses* —indica Pablo—, *sino, también, por los intereses de los demás*» (Filipenses 2:4).

6. **Determina a dónde vas** – No es la voluntad del Padre que sus hijos estén espiritualmente sin hogar. Pablo dice: «*Así, pues, ya no son extranjeros ni advenedizos, sino conciudadanos de los santos y miembros de la familia de Dios*» (Efesios 2:19). Muchas ciudades tienen una diversidad de iglesias. Es prudente visitar diferentes congregaciones y no fiarse de las primeras impresiones.

7. **Conversa con miembros de las congregaciones que visitas** – Es prudente tener estas conversaciones para intentar comprender cómo funcionan las distintas congregaciones. También, es bueno conocer si mucha gente se ha ido de ahí y preguntar qué les motivó a marcharse.

8. **Lleva contigo una recomendación pastoral cuando salgas de tu iglesia** – Una carta de recomendación pastoral se debe realizar cuando un miembro de la iglesia desea cambiarse de congregación o participar en actividades relacionadas con otras iglesias que no tienen conocimiento de quién eres. El pastor que te recomienda asegura, mediante testimonio escrito, que eres una persona de buenos principios y valores. En el libro de Colosenses, el apóstol Pablo habla de compañeros en el ministerio: «*Aristarco, mi compañero de cárcel, os manda saludos, como también Marcos, el primo de Bernabé. En cuanto a Marcos, vosotros ya habéis recibido instrucciones; si va a visitaros, recibidle bien. También, os saluda Jesús, llamado el Justo. Estos son los únicos judíos que colaboran conmigo en pro del reino de Dios, y me han sido de mucho consuelo. Os manda saludos Epafras, que es uno de vosotros. Este siervo de Cristo Jesús está siempre luchando en oración por vosotros, para que,*

plenamente convencidos, os mantengáis firmes, cumpliendo en toda la voluntad de Dios». ¡Qué bonitas palabras para recomendar a alguien! Sería prudente llegar a esa nueva congregación con el endoso de tu antigua casa.

9. **Reúnete con el pastor para hablar acerca de tu salida** – A veces, las personas se van de la iglesia y el pastor tarda en enterarse. Puede suceder por una diversidad de razones: la congregación es grande y el pastor no se percata de la ausencia de un miembro o, posiblemente, piensa que la persona está de vacaciones o fuera del país, etc. Son múltiples las causas por las que la ausencia de un miembro no se nota al principio. ¿Es el pastor la razón por la que queremos irnos o es porque no estamos de acuerdo con la doctrina que se enseña? Entonces, es justo y responsable hablar con el pastor antes de salir de esa iglesia. Queda un mal sabor cuando alguien se marcha de la congregación sin decir nada y, luego de varios días o semanas, la iglesia nota su ausencia. Es recomendable programar una reunión con el pastor y líderes de la iglesia y ser transparentes. Hebreos 13:17 dice: «*Obedezcan a sus pastores, y sujétense a ellos, porque ellos velan por sus almas, como quienes han de dar cuenta. Para que lo hagan con alegría y no quejándose, porque esto no os es provechoso para ustedes*».

10. **No elijas apresuradamente** – La prisa es mala consejera. Cambiar de iglesia no es como cambiarse de ropa. Aunque, por supuesto, el Señor ocupa el primer lugar en nuestra vida, debe existir una lealtad con nuestra comunidad de fe. La selección del lugar donde, posteriormente, recibiremos la

Palabra de Dios y serviremos al Señor Jesucristo, tiene consecuencias de largo plazo.

OTRAS CONSIDERACIONES PRÁCTICAS:

Recalcamos la necesidad de decidir con sabiduría. Si la persona es casada, debe hablar, en primer término, con el cónyuge. La familia inmediata debe, también, poder involucrarse en el asunto. Es sensato consultar al pastor principal de su iglesia y otros líderes claves dentro de la congregación antes de tomar una decisión final y notificar de manera oficial, si en definitiva se decide salir. Asimismo, es necesario tener claro si se deja la congregación por una razón de peso. La Biblia no incluye instrucciones sobre «cómo dejar una iglesia» o «cómo salir de ella». Ciertamente, los cristianos que salen de su iglesia local para ser enviados en una misión son comisionados, oficialmente, con el respaldo de la iglesia. Este es el caso de Bernabé y Saulo, enviados por la iglesia de Antioquía de Siria. «*Cierto día, mientras estos hombres adoraban al Señor y ayunaban, el Espíritu Santo dijo: "Designen a Bernabé y a Saulo para el trabajo especial al cual los he llamado". Así que, después de pasar más tiempo en ayuno y oración, les impusieron las manos y los enviaron*» (Hechos 13:1-3). Es hermoso salir con el respaldo de una iglesia que envía. Es el orden bíblico. Pero si se trata de un miembro o algún líder que no necesariamente sale, oficialmente, comisionado/a para ministrar en otro lugar, el orden para la salida lo dicta el amor fraternal, el sentido común y la gratitud.

EVITANDO ERRORES EN EL PROCESO DE MOVERNOS DE IGLESIA

Aunque la gente ofrece una diversidad de razones para salir de una iglesia —unas válidas y otras no—, lamentablemente, la manera en que se pasa de una iglesia a otra es, en muchos casos, desordenada, carente de responsabilidad o con escaso fundamento bíblico, si alguno. Esto lo hemos visto y vivido con toda clase de creyentes, tanto nuevos como los que llevan muchos años en la congregación. Examinemos algunas:

1. APRESURAMIENTO EN LA TOMA DE DECISIONES:

❖ **No se dedica suficiente tiempo a orar por una decisión tan importante.** El Señor dice: «*Yo te instruiré, yo te mostraré el camino que debes seguir; yo te daré consejos y velaré por ti*» (Salmos 32:8). Dios mismo nos va a instruir, nos va a guiar y nos dará el consejo que necesitemos al tomar una decisión. En eso estriba la importancia de orar y buscar a Dios. En el libro de Josué, encontramos una enseñanza sobre las consecuencias de no orar al tomar una decisión importante: «*Entonces, los israelitas revisaron el alimento de los gabaonitas, pero no consultaron al Señor*» (Josué 9:14). Los israelitas fueron engañados y sufrieron las consecuencias.

- ❖ En muchos casos, **se toma una decisión de manera individual y privada**. Tal vez, se comparte con un familiar cercano o con otra persona de dentro o fuera de la iglesia, pero no se comunica la inquietud al pastor o el liderazgo de la congregación. Esto impide recibir el consejo adecuado. En muchos casos, una apresurada decisión va en detrimento de la persona misma.
- ❖ Por lo general, se toma la decisión enfocando únicamente aspectos de la iglesia que perciben como negativos y comparándolos con lo que les gusta de otra iglesia. Las iglesias tienen programas con dinámicas y enfoques distintos, por lo cual, las comparaciones no siempre son justas. A veces, el análisis es muy superficial. Por ejemplo, la persona puede estar impresionada por el tamaño de la otra iglesia, concluyendo que, si es más grande, es mejor. También, podría estar considerando la diversidad de programas y actividades o que la otra iglesia tiene más solidez económica, más personal o tecnología más avanzada. Han quedado deslumbrados por lo que ven.
- ❖ Lo opuesto, también, puede suceder. Si la transición se hace a una iglesia más pequeña, la razón que —a menudo— se da es que allí todos se conocen y la iglesia es como «una familia». Les da la sensación de que, en ese lugar, no serán simples desconocidos o «uno del montón», y que aumentan sus posibilidades de ejercer un ministerio. Algunas de esas razones pudieran ser ciertas y buenas en sí mismas, pero no deben

ser determinantes para decidir mudarse a otra iglesia.

2. MANERAS INCORRECTAS DE SALIR:

❖ **Salir sin notificar**

Salir sin notificar la decisión tomada no es una forma aconsejable de salir de la iglesia. Cuando la persona desaparece sin que se sepa con certeza lo que pasó con él/ella y su familia, causa desconcierto y deja interrogantes en el liderazgo y entre los hermanos de la congregación. No es grato notar la ausencia de una persona y descubrir que, simplemente, se fue a otra congregación. Es una elemental regla social el despedirse cortésmente. Cuando algún amigo nos visita en el hogar, se despide antes de retirarse. ¿Cuánto más necesario será despedirse del pastor y de los hermanos en la fe con quienes compartimos a diario por tanto tiempo?

❖ **Salir enojado**

El **enojo** es un sentimiento fuerte de disgusto y hostilidad. No podemos evitar enojarnos alguna vez, pero saber manejarlo es nuestra responsabilidad. El enojo fuera de control es destructivo. «*Pero yo les digo que todo aquel que se enoje con su hermano quedará sujeto al juicio del tribunal*» (Mateo 5:22). Está permitido enojarse, pero se debe procurar, diligentemente, resolver toda animosidad o desacuerdo con los hermanos en la fe. La solución no es dar media vuelta e irse. Nunca se debe salir de ningún lugar con situaciones sin resolver. Recordemos, nuevamente, el siguiente versículo: «*Por lo tanto, si estás presentando tu ofrenda en el altar, y allí recuerdas que tu hermano tiene algo contra ti, deja tu ofrenda allí delante del altar. Ve primero y reconcíliate con tu hermano, luego vuelve y presenta tu ofrenda*» (Mateo 5:23-24). La unidad cristiana es tan importante para Jesús que Él recibe nuestra adoración solo después de que estemos reconciliados con nuestros hermanos. El dejar la congregación con relaciones no resueltas nos lleva a desobedecer la Palabra porque el Maestro nos ordena reconciliarnos con el hermano. De negarnos a hacerlo, estamos ofreciendo adoración que a Él no le agrada.

❖ **Salir porque sentimos que no se aprecian nuestros talentos**

El ego herido es un mal consejero que puede influir en las decisiones que tomamos. Cuando el ego dicta nuestras acciones, podemos ser arrogantes, egoístas y críticos. Nos preocupamos, constantemente, por el qué pensarán los demás, privándonos a nosotros mismos de libertad. Cuando el ego demanda ser alimentado y no sucede como esperábamos, nos derrumbamos y nos sentimos inferiores al resto. Algunas personas anhelan sentirse importantes en la iglesia y, cuando, por alguna razón, no se les concede el reconocimiento que esperan, se van a otro lugar. Esto, por supuesto, no es bíblico. A la iglesia se va a adorar a Dios. Nosotros no somos el centro y nuestra expectativa no debe ser el ser admirados o reconocidos. Quien quiera ser promovido o reconocido debe dejar que sea Dios el que le promueva.

¿Y SI REGRESO A LA IGLESIA QUE DEJÉ ATRÁS?

Siempre existe la posibilidad de retornar a la iglesia donde perseveramos antes. Al considerar regresar a la iglesia de donde se salió, puede que haya sentimientos de vergüenza, culpabilidad, miedo al rechazo y desconfianza, por mencionar algunos. En Jeremías 31:3, Dios nos instruye: «*Yo te he amado, pueblo mío, con un amor eterno; con amor inagotable te acerqué a mí*». Asimismo, en Isaías 66:1, dice: «*El cielo es mi trono y la tierra es el estrado de mis pies*». A pesar de su omnipotencia y grandeza, Dios, por amor a nosotros, desciende a la tierra y nos muestra su amor, pagando nuestro rescate a precio de sangre. El amor de Dios y de su Hijo Jesucristo es incondicional. Dios nos acepta por quienes somos por medio de Jesucristo y no por nuestro pasado.

Simple y sencillamente, regresamos porque Dios nos ama y desea que, junto a otros, seamos parte de la iglesia que Él compró por medio del sacrificio de su Hijo Jesús. Existe la posibilidad de que, al retornar a la iglesia, pasemos inadvertidos para otros, pero podemos tener la certeza de que, para Dios, no será así. «*En esto consiste el amor verdadero: no en que nosotros hayamos amado a Dios, sino en que él nos amó a nosotros y envió a su Hijo como sacrificio para quitar nuestros pecados*» (1 Juan 4:10). A través de Jesucristo, aprendemos a descubrir el verdadero rostro de Dios, siempre lleno de amor, de ternura y de compasión. «Como un padre se compadece de sus hijos, así se compadece el SEÑOR de los que le temen» (Salmos 103:13). A los ojos de ese Padre, cada persona, sin ninguna excepción, tiene valor. Dios, en la persona de Jesucristo, vino para salvar, sanar y dar vida en abundancia.

En algunas iglesias, se ha inculcado la falsa imagen de un Dios continuamente enojado que existe para juzgar, castigar y enviar la gente al infierno por la mínima cosa negativa que hagan. Se le percibe como un Dios bien serio que tiene una vara o un garrote en mano para desquitar su coraje por habernos desviado de sus caminos. ¿Qué concepto tenemos de Él? Abundan las distorsiones. Millares de personas creen en un Dios que predetermina la suerte de cada individuo y que, a lo largo de su vida, le atormenta despiadadamente. En medio de tantas ideas preconcebidas, hay que recordar —nuevamente— que Dios nos ama, que dio a su Hijo, su único hijo, para perdonar nuestros pecados, y que vivir bajo su señorío nos hace libres de una eterna condenación.

Desafíos del retorno

El hermano mayor del hijo pródigo estaba enojado, muy molesto... «*y no quiso entrar*». Su padre tuvo que salir a rogarle que entrara. «*Pero él, muy enojado, le dijo: "He trabajado para ti desde hace muchos años y nunca te he desobedecido; pero a mí jamás me has dado siquiera un cabrito para que haga una fiesta con mis amigos. ¡Y ahora que vuelve ese hijo tuyo, después de malgastar todo tu dinero con prostitutas, matas para él el ternero más gordo!"*» (Lucas 15:11-32). El hermano mayor representa a aquellos cristianos cuya actitud hacia el descarriado que retorna es severa. Para nada, refleja el amoroso plan de redención que Dios, el Padre celestial, ofrece. Son cristianos que han venido a ser rígidos y a sentirse «orgullosos» de su fe y de su compromiso con la Iglesia. Cuando el hijo mayor vio la alegría de su padre por el regreso de su hermano menor, de su interior brotó un poder oscuro. De repente, se manifiesta la persona rígida y egoísta que es. En realidad, su corazón está tan frío como el de su hermano menor cuando se fue del hogar. El padre, con mucha sabiduría, les habla a los dos. Lo hace con afecto, con cariño y claridad. No los compara ni expresa predilección por uno o el otro. El momento es de celebración, por lo tanto, les invita a participar de la fiesta y a hacerlo unidos. Su deseo no es solo que estén juntos, sino que estén en armonía. «*¡Qué maravilloso y agradable es cuando los hermanos conviven en armonía!*» (Salmos 133:1).

De la historia del disgustado hermano mayor, obtenemos lecciones invaluables. En primer lugar, que no hay razón alguna para el enojo cuando un cristiano que abandonó la iglesia decide regresar. El hecho de que el Padre mismo da la bienvenida al hijo que vuelve a casa nos modela el no ser rígidos con los que regresan. Nos invita a la fiesta del gozo, a celebrar el regreso del hijo perdido. Por otra parte, no hay duda de que la amargura impide que disfrutes la fiesta. Debemos dejar todo resentimiento y gozarnos con los que se gozan. Los que se fueron dejaron la casa del Padre y abandonaron la protección paterna. Al marcharse, desperdiciaron «los tesoros que el cielo ofrece» y, por los años de su extravío, no disfrutaron de ellos. Se perdieron de experimentar la presencia de Dios, puesto que, aunque Él siempre estaba con ellos, ellos no estaban con Él en el sentido de gozar su compañía e instrucción. Cuanto más tiempo un cristiano viva alejado de Dios, más evidentes se hacen estas pérdidas. Queda una triste realidad y es que, aún después del arrepentimiento, no podemos hacer retroceder el reloj y recuperar el tiempo perdido. Conviene recordar que, por muy grande que sea el regocijo por el regreso del hermano, no se olvida el dolor que causó «su partida». Como dijo Benjamín Franklin: «El tiempo perdido nunca se recupera y, cuando decimos que tenemos tiempo de sobra, descubrimos siempre que nos falta tiempo».

Existe un dicho que reza: «El tiempo es oro». El tiempo es como el dinero, si no se invierte bien, se malgasta. A ese respecto, el consejo del Apóstol Pablo a la iglesia es: «*Así que tengan cuidado de cómo viven. No vivan como necios sino como sabios. Saquen el mayor provecho de cada oportunidad en estos días malos. No actúen sin pensar; más bien, procuren entender lo que el Señor quiere que hagan*» (Efesios 5:15- 17). Ahora bien, ¿por qué volver a congregarnos? Veamos algunas razones:

1. **Porque Dios nos espera**. Dios conoce nuestro corazón y pensamientos. Sabe de nuestros dolores y angustias. También, sabe las lindas y gratas experiencias que vivimos en la Iglesia, esas que llenaron de Su gozo nuestro corazón. Podemos mirar al pasado y hasta sentirnos heridos, pero debemos saber que no estamos solos. Dios nos llama, nos ama y susurra a nuestros oídos: «¡Feliz regreso!».

2. **Porque es plan de Dios que haya unidad**. Muchas veces, hemos escuchado esta frase: «No necesito ir a la iglesia, puedo servir a Dios desde mi casa». Es verdad, la adoración no se circunscribe a un lugar en específico. Esto fue lo que Jesús le dijo a la mujer samaritana: «*No es en este monte; tampoco, es en Jerusalén. Dios busca adoradores que le adoren en espíritu y en verdad*» (Juan 4:21-23). Pero fue Él mismo quien instituyó la Iglesia, para que participemos de la bendición de estar juntos. ¿Cómo podemos buscar a Dios a nuestra manera cuando Él nos ha indicado la forma de hacerlo?

3. **Porque el salir de una iglesia sin saber a dónde ir o qué hacer, también, puede dejar un espacio vacío**. En este punto, me permito recomendar que, si nos

hemos desviado del trayecto de vida o nos hemos alejado del camino, miremos, nuevamente, al Eterno —puestos los ojos en Él— hasta el final de la jornada. Y al hacerlo, volvamos a casa, volvamos al rebaño que es nuestra iglesia.

4. **Porque la congregación nos espera.** Todo ser humano busca amistades y relaciones que perduren. Todos necesitamos un sentido de pertenencia, sabernos queridos. Anhelamos alguna seguridad de que nuestras vidas, realmente, importan. Aunque no siempre podamos expresar en palabras nuestras esperanzas y sueños, eso es lo que estamos buscando. Al volver a casa, regresamos a los abrazos del Padre a través de los hermanos de la congregación. La vida del hijo pródigo nos habla de una rebelión desafiante, de una huida hacia lugares lejanos en busca de otros amores. Para este hijo, la casa del padre ya no cumplía sus expectativas, por lo tanto, se va lejos. Su huida representa la gran tragedia de la vida de quienes, de alguna forma, se vuelven sordos y ciegos a la voz de Dios que nos habla del amor que siempre ha estado disponible. Cuando abandonamos el único lugar donde podemos oír esa voz, lo hacemos bajo la ilusión de que encontraremos otro lugar que nos ofrezca lo que no supimos apreciar en Casa. Algunos de esos hijos, decepcionados de lo que vivieron al otro lado, regresan. Su regreso está marcado por la decepción y la vergüenza. ¡Pero qué hermoso cuando, al regresar a la Casa del Padre, son bien recibidos, en lugar de ser avergonzados!

Veamos el caso de Andrés:

Andrés se fue a otra congregación para complacer a su esposa. Era una congregación que recién comenzaba y la mayoría de los asistentes eran miembros que habían salido disgustados de sus respectivas iglesias. Nombraron pastor a uno entre ellos que era tenido por buen predicador. Comenzaron con mucho entusiasmo, planes y metas y, al principio, todo parecía ir bien, pero, al pasar un año, el grupo empezó a resquebrajarse. Uno de los líderes salió con su esposa e hijos de la naciente iglesia. Al cabo de dos años, el denominado pastor estaba totalmente desanimado y había hecho mal manejo de las finanzas y de la confianza del incipiente grupo. Andrés se quedó hasta el final. Cuando todos se marcharon, decidió regresar a su iglesia, donde había hecho profesión de fe y por años había perseverado. A su regreso, el pastor actuó como lo hizo el padre del hijo pródigo. Lo recibió con alegría y, públicamente, le dio la bienvenida. No hubo reproches ni caras contrariadas o molestas por su regreso. Al contrario, un grupo de hermanos en la fe lo abrazó y se alegraron de tenerle de vuelta. En la historia bíblica, es el padre quien recibe al hijo pródigo. ¡Qué alegría, qué emoción siente el Padre cuando ve que su hijo regresa! Con lágrimas y lleno de gozo, abraza a su hijo porque ha vuelto a casa.

En Lucas 15:18-19, el hijo expresa: «*Volveré a mi casa, y apenas llegue, le diré a mi padre que me he portado muy mal con Dios y con él. Le diré que no merezco ser su hijo, pero que me dé empleo y que me trate como a cualquiera de sus trabajadores*». «*Entonces, regresó a la casa de su padre. Cuando todavía estaba lejos, su padre corrió hacia él lleno de amor, y lo recibió con abrazos y besos. El joven empezó a decirle: "¡Papá, me he portado muy mal contra Dios y contra ti! ¡Ya no merezco ser tu hijo!". Pero antes de que el muchacho terminara de hablar, el padre llamó a los sirvientes y les dijo: "¡Pronto! Traigan la mejor ropa y vístanlo. Pónganle un anillo y también sandalias. ¡Maten el ternero más gordo y hagamos una gran fiesta, porque mi hijo ha regresado! Es como si hubiera muerto, y ha vuelto a vivir. Se había perdido y lo hemos encontrado"»* (Lucas 15:20-24). Y comenzó la fiesta: *¡Okaerinasai!* ¡Feliz regreso!

SECUELAS DE SALIR DE UNA IGLESIA BAJO UNA EXPERIENCIA TRAUMÁTICA

Cuando una persona ha vivido dentro de una congregación situaciones que le han expuesto a heridas, quedan efectos que será necesario manejar, preferiblemente, a través de procesos de ayuda. Aquí algunos de ellos:

1. PÉRDIDA DE CONFIANZA EN SÍ MISMO

A menudo, las experiencias de rechazo y menosprecio nos llevan a dudar de nuestro valor y capacidades. Cuando este rechazo proviene de figuras de autoridad familiar, espiritual o de hermanos en la fe, recuperar la confianza es muy difícil. «La confianza en uno mismo está hecha de trabajo diario, de un profundo conocimiento de nosotros mismos, de nuestro "yo" interior. De nuestras virtudes y fortalezas, pero, también, de nuestros defectos y áreas a mejorar» (Euprepio Padula).

2. TEMOR A TOMAR DECISIONES

En palabras de Edmund Burke: «El miedo es el más ignorante, el más injurioso y el más cruel de los consejeros». El temor es una emoción desarrollada para sobrevivir, pero puede convertirse en una grieta peligrosa que tiene una influencia negativa en otras áreas de nuestra vida. Es fuente fundamental de trastornos de ansiedad, fobias o depresión, pero, también, nos genera problemas en las relaciones afectivas, en el trabajo o con nuestra propia autoestima. El miedo nos lleva a depender excesivamente de otros y hasta puede llevarnos a responder de manera negativa a diferentes situaciones.

3. CONFLICTOS ESPIRITUALES

Los conflictos en la iglesia pueden generarnos muchas preguntas, como: «¿Por qué me sucedió esto?» o «¿Dónde está Dios?». Es común que nos acechen sentimientos de culpa o confusión. Algunos pierden el gozo y la motivación de reunirse y, como resultado, dejan de orar y leer la Biblia, al punto de sentirse «vacíos». Este fue el caso de una joven que llamaremos «Milly». Por muchos años, Milly fue líder en una iglesia en la que se sintió amada y respetada. Por diversas razones, cayó en desgracia con ciertos miembros del liderato. Poco a poco, fue marginada y, ante la indiferencia de muchos, decidió irse de la congregación. En su diálogo de despedida con el pastor, le expresó cuánto amaba su iglesia, le habló de las experiencias edificantes y significativas que vivió allí que le ayudaron en su crecimiento espiritual. Le expresó cuánto dolor le causaba irse. Pero nadie hizo nada para retenerla. Se marchó triste y herida por el trato recibido. Dentro de la Iglesia evangélica, existe este dicho: «Somos el único ejército que abandona a sus heridos».

Piense en esto: tratamos el divorcio como si fuera un pecado imperdonable por el Espíritu Santo y el adulterio como una sentencia de muerte. Por otro lado, aplaudimos al reo más vil que se convierte y al drogadicto que llega a los pies de Cristo. Le permitimos contar su testimonio libremente; pero al cristiano que ha caído, le damos el golpe de gracia. La Biblia dice que los que son espirituales en la iglesia, restauren y sanen a aquellos que han sido heridos (Gálatas 6:1).

4. Depresión

La **depresión** viene acompañada de sentimientos de tristeza, desesperanza y desmoronamiento. Todos nos hemos sentido así alguna vez. Sin embargo, la depresión clínica es un trastorno del estado anímico en el cual los sentimientos de tristeza, pérdida, ira o frustración interfieren con la vida diaria. Para algunos, la depresión puede ser breve; para otros, de un tiempo prolongado. La depresión puede presentarse en algunas personas que han roto con un círculo de muchos años, como podría ser la iglesia. El dejar atrás el grupo íntimo de amistades cultivadas por mucho tiempo tiene un efecto indiscutible, pero, también, puede afligir el sentir que se perdió mucho tiempo en un entorno de iglesia. Es aconsejable que la persona deprimida busque toda la ayuda necesaria. También, es importante que la familia, amigos, sacerdote, pastor o líder religioso u otras personas significativas hagan un trabajo de acompañamiento y seguimiento, animando a la persona a buscar un especialista (psicólogo o psiquiatra). Una depresión que no se cura puede derivar en graves consecuencias, incluso, puede conducir a ideas suicidas.

CIERRE DE UNA ETAPA

No será sencillo. Hemos reiterado que no existe una iglesia perfecta ni está en manos humanas el que lo sea; por lo tanto, los malentendidos son inevitables. Aun así, ningún creyente debe precipitarse a cambiar de iglesia al primer problema que surja. Todas las iglesias tienen sus problemas, pues, donde hay seres humanos, no faltarán las dificultades. Sin embargo, hay que entender que la solución no es salir precipitadamente en medio de un conflicto o un desacuerdo de gran magnitud. Por el contrario, en el momento difícil, se debe mostrar madurez espiritual.

En la revista *Relevant*, Cara Joyner habla de su experiencia: «No sabía que sería tan duro. No imaginaba, realmente, cómo sería separarnos de la comunidad que nos había visto crecer. El edificio, la gente y el mismo entorno que eran sinónimo de hogar. ¿Cómo olvidarlos? Después de 22 años en aquel lugar, irnos nos pareció como irnos de casa». Aun «sintiendo de parte de Dios que era la decisión correcta», su experiencia le mostró algunos aspectos que deben cuidarse en el proceso. Si la persona está convencida de que Dios le llama a otro lugar, debe pensar cómo va a cerrar esa etapa. Es necesario despedirse con amor, reconociendo el bien que nos han hecho mientras estuvimos allí. En todo tiempo, debe prevalecer la gentileza.

Si se ha dado algún conflicto, las emociones pueden ser engañosas y afectar nuestro juicio evaluativo, tentándonos a decir palabras que no son sabias ni beneficiosas al momento de marcharnos. Es insensato y egoísta sentar al pastor para manifestarle todas nuestras heridas y, luego, salir por la puerta e ir por la comunidad creando pequeños incendios al momento de dejar la iglesia.

No debemos quemar puentes al marcharnos, sino aprovechar el momento para decir «gracias». A continuación, algunas sugerencias al respecto:

1. ES IMPORTANTE HONRAR A QUIENES TE GUIARON EN TU CRECIMIENTO ESPIRITUAL

Los pastores que, con sus predicaciones y enseñanzas, ministraron nuestra vida, nos visitaron en nuestra enfermedad, nos asistieron en experiencias de crisis y, quizás, en alguna ocasión, compartieron un café o nos hicieron una llamada telefónica para saludar, fueron una bendición. Debemos recordar los abrazos recibidos de ellos y las veces que conversaron, empáticamente, con nosotros y con otros creyentes. Tampoco, debemos olvidar aquellos hermanos que nos invitaron a su mesa, que nos alentaron cuando necesitamos apoyo, a las personas mayores de la congregación que oraron por nosotros y los líderes que se preocuparon por ayudarnos. No debemos salir de la «casa» en la que crecimos para, luego, hundirla con críticas sutiles o abiertas. Posiblemente, se haga más fácil hablar de las carencias que de las bendiciones que recibimos porque ya no es nuestra iglesia, no es nuestro hogar espiritual, pero debemos abstenernos de tal cosa.

Al hablar de nuestra anterior comunidad de fe, debemos elegir nuestras palabras sabiamente, recordando que ellos son la «esposa» de Cristo, de la misma forma que lo es nuestra nueva congregación. No es sabio pensar que salimos porque sabemos más o somos mejores que los que se quedaron. Cuando creemos que Dios nos lleva en una nueva dirección, es fácil mirar a otros por encima del hombro, pensando que hemos «superado el pasado» y que hemos «progresado». Y de ahí es corto el trecho que nos lleva a creer que hemos descubierto algo increíblemente mejor, cosas que otros no han visto o no son capaces de ver. Recuerda que lo que te llevó a tomar la decisión tiene que ver contigo, es una decisión personal y debes asumir tu responsabilidad. Al despedirte, mantén tus motivos claros y no juzgues a las personas por mantenerse en el lugar en que están.

2. NO RECLUTES GENTE DE LA IGLESIA QUE DEJAS

Es posible que la iglesia de la que sales ya no sea la comunidad de fe adecuada para ti, pero, con toda probabilidad, sigue siéndolo para otros. Cuando empezamos a reclutar gente para la iglesia del otro lado de la ciudad, mostramos poco respeto por aquella de la que salimos y, en general, por el cuerpo de Cristo. La Iglesia está compuesta por congregaciones locales distribuidas por todo el planeta. Reclutar de una para la otra es deshonestidad y demuestra una falta de conocimiento bíblico en cuanto a la realidad del reino de Dios. No debemos inquietar a otros a moverse de su iglesia, sembrando semillas extrañas de descontento y discordia que, al germinar, pueden dañarles e, incluso, dañarnos a nosotros mismos.

3. TOMA EL TIEMPO NECESARIO PARA DECIDIR

La transición hacia otra iglesia es un paso serio y no un juego de azar. Es indispensable orar, escuchar y asistir a cultos en nuestra área hasta conocer cuál será el siguiente paso. Cuando se cree haber encontrado el lugar, es preciso tomarse el tiempo de conocer a las personas. No debemos precipitarnos, ofreciendo una lista de sugerencias y formas en las que queremos ayudar; sino, simplemente, tomar el tiempo de presentarnos y darnos a conocer. Debemos intentar comprender y conocer la nueva iglesia antes de ofrecernos como miembro de algún ministerio o pedir predicar. Llegar a conocer la comunidad de fe a la que nos hemos unido es un proceso que requiere tiempo.

4. NO HAGAS UN HÁBITO EL CAMBIAR DE IGLESIA

Es razonable que, en algún punto de nuestra vida adulta, nos planteemos la posibilidad de movernos a una nueva comunidad cristiana. Pero es poco probable que Dios nos esté «llamando» a un nuevo lugar cada dos años. Debemos ser como el árbol plantado en buena tierra, que cuando es azotado por el viento, profundiza sus raíces. Saltar de iglesia en iglesia por hábito dice más de nosotros que de las iglesias que hemos dejado atrás. Si estamos convencidos de que Dios nos llama a otro lugar, debemos pensar detenidamente cómo cerrar la etapa anterior, con amor y pleno reconocimiento de las cosas buenas que se depositaron en nuestra vida.

EL LEGADO QUE DEJAMOS

Un **legado** puede referirse a cosas materiales o intangibles que se dejan en un testamento, que se transmiten de padres a hijos o de generación en generación. El legado es una siembra de largo plazo que puede perdurar por años. Su origen es antiquísimo; de hecho, el libro de Génesis menciona los legados particulares que hizo Abraham a sus hijos. Quizá seamos testigos en vida del resultado de nuestro legado, pero cabe también la posibilidad de que no alcancemos a verlo. En cualquier caso, cada acto nuestro afectará —para bien o para mal— a nuestra generación o a las próximas generaciones. Si estamos conscientes de esto, debemos elegir a conciencia los objetivos de nuestra vida. Un legado es la herencia de valores morales, ideas y enseñanzas que dejamos a nuestros hijos y a la sociedad. Tiene primordial importancia el legado de fe a las próximas generaciones. Si les transmitimos el legado de Dios, podemos marcharnos confiados, sabiendo que Él mismo lo preservará cuando ya no estemos.

Dios usó a Moisés para sacar a su pueblo y guiarlo a la tierra prometida. Aunque Moisés nunca pudo entrar allí ni vivió para saber lo que les tocaría experimentar, aun así, dejó su legado. Su vida y testimonio fue un referente para el pueblo hebreo y ha llegado a serlo para nosotros hoy. Con certeza, podemos decir que entró victorioso a los portales de la eternidad. Hoy como ayer, necesitamos líderes que vivan vidas de humildad, santidad, honor y honestidad. El Papa Francisco asegura que los «tesoros» que se pueden acumular en vida «son desvanecidos por la muerte», pero hay un tesoro que nadie se puede llevar, «aquello que ahorraste, no para ti, sino lo que diste a otros».

Al movernos de iglesia, debemos ocuparnos de dejar un legado de integridad, compromiso y responsabilidad. Es posible que salgamos con sentimientos encontrados: tristes, por una parte, porque dejamos una comunidad de creyentes en Cristo donde fuimos amados, tuvimos amistades significativas y crecimos en fe; pero, a la vez, debemos irnos satisfechos de haber cultivado buenas relaciones en todo lo que estuvo a nuestro alcance, de haber sido ejemplo para otros y haber dado lo mejor de nosotros mismos. El legado que dejemos, más que palabras, debe ser de carácter y autenticidad. La vida de Dorcas (Hechos 9:36-39) nos provee un ejemplo de **legado positivo**. Dorcas fue una mujer fructífera en buenas acciones a los demás, particularmente, a los pobres. Cuando enfermó, le pidieron al apóstol Pedro: «*¡Por favor, ven tan pronto como puedas a la casa de Dorcas!*». A la llegada del apóstol, ella ya había fallecido. Los que la conocían, le mostraron las túnicas y ropa que ella les había hecho. ¿Recordarán los hermanos en la fe las buenas obras que hicimos? «*Ser tenido en gran estima es mejor que la plata o el oro*» (Proverbios 22:1).

La salida de una persona o familia puede ser frustrante para los líderes y pastores que dirigen la iglesia, al igual que para el resto de la congregación. Una iglesia es una familia, una comunidad de amor fraternal, y todos los que asisten son importantes. «*Y perseveraban en la doctrina de los apóstoles, en la comunión unos con otros, en el partimiento del pan y en las oraciones*» (Hechos 2:42). Tu salida podría dejar una huella negativa de dolor y tristeza o una estela de amor, dependiendo del testimonio que dejes en los que te rodeaban. El apóstol Pablo presenta un caso significativo al respecto. Hace referencia a Demas, personaje mencionado, brevemente, en tres epístolas de Pablo en el Nuevo Testamento. Respecto de él, le dice a Timoteo: «*Procura venir pronto a verme, porque Demas me ha desamparado, amando este mundo, y se ha ido a*

Tesalónica; Crescente fue a Galacia, y Tito a Dalmacia» (2 Timoteo 4:9-10). Al escribir desde prisión, Pablo, sin duda, les consideraba como su único apoyo y valoraba en alto grado su ayuda. A Demas, le señala el haberle abandonado «*por amor de este siglo*». Aunque Pablo no menciona explícitamente la causa del abandono, queda claro que tiene que ver con haber puesto en balanza lo temporal y lo eterno, habiendo optado por lo que perece, lo de este mundo. Este hecho fue motivo de tristeza para el apóstol. Que, en todo tiempo y lugar, las huellas que dejemos sean como las de Dorcas, no como las de Demas.

LO QUE PERDURA EN NOSOTROS AL DEJAR UNA COMUNIDAD DE FE

Hay efectos que nos acompañarán siempre al salir de la comunidad de fe en que nos iniciamos o nos formamos, si fue un entorno sano. Permanecerán como parte de una herencia de bendición que siempre debemos agradecer. Entre ellos:

1. **La bendición de haber estudiado juntos la Palabra de Dios.** Muchas enseñanzas se dan de manera congregacional; otras veces, en pequeños grupos o con alguna otra familia. Profundizar juntos el contenido de la Palabra es un privilegio y una bendición. Leemos en 2 Timoteo 3:16: «*Toda la Escritura es inspirada por Dios, y útil para enseñar, para redargüir, para corregir, para instruir en justicia*».

2. **El gozo de haber adorado y honrado a Dios como familia de la fe.** La adoración en conjunto crea un ambiente de unidad. El Salmo 34:3 enfatiza sobre nuestro llamado a una adoración conjunta: «*Engrandeced a Jehová conmigo, y exaltemos a una su nombre*».

3. **Haber experimentado como un solo Cuerpo, milagros que alimentaron nuestra fe.** Este es el caso de los cuatro amigos que cargaron y acompañaron al paralítico (Marcos 2:10). Hay un poder que se desencadena cuando nos reunimos, oramos y nos ayudamos mutuamente. A esto se le llama

«**sinergia**», palabra que procede de un vocablo griego que significa «cooperación» e indica la acción de dos o más causas que generan un efecto superior al que se conseguiría con los esfuerzos individuales. «*¿Cómo podría una persona perseguir a mil de ellos y dos personas hacer huir a diez mil?*» (Deuteronomio 32:30). «*Otra vez os digo que, si dos de vosotros se pusieren de acuerdo en la tierra acerca de cualquiera cosa que pidieren, les será hecho por mi Padre que está en los cielos*» (Mateo 18:19).

4. **El apoyarnos unos a otros en tiempos de crisis.** A todos nos llegan momentos difíciles. El acompañamiento de los hermanos en la fe es fundamental para salir adelante. Necesitamos ser sostenidos en oración por otros. Igualmente, el consejo y la asistencia en aspectos prácticos de la vida, como transporte, cuido de niños, asistencia a enfermos y otros, es una tremenda bendición. El apóstol Pablo nos anima a «*sobrellevar las cargas los unos a los otros*» y, así, cumplir con lo que el Maestro enseñó (Gálatas 6:2). La Iglesia es un organismo vivo en el que crecemos y nos estimulamos unos a otros a amar y servir al Señor.

5. **El animarnos unos a otros para servir.** Nuestro Señor nos insta a dar y no solamente recibir. «*Hagan lo que hagan, trabajen de buena gana, como para el Señor y no como para nadie en este mundo, conscientes de que el Señor los recompensará con la herencia. Ustedes sirven a Cristo el Señor*» (Colosenses 3:23-24).

En fin, la iglesia en la vida del creyente en Cristo:

1. deja la marca de una rica herencia de valores;
2. es portadora de una profunda revelación divina;
3. manifiesta sensibilidad moral e impulso por la justicia;
4. expresa su rechazo a fragmentar la moralidad establecida por Dios;
5. habla del concepto y defensa de un Dios personal;
6. se manifiesta sobre la familia, la relación con el prójimo y la sexualidad;
7. nos instruye sobre los límites sanos y brinda enseñanzas probadas a través del tiempo;
8. es la exponente de la Palabra de Dios, columna y baluarte de la verdad;
9. es portadora de una palabra de esperanza para el ser humano;
10. ofrece compañerismo, amistad y genuina compañía en tiempos de adversidad;
11. es un instrumento de comunión con Dios y los hombres;
12. participa, activamente, en actividades de ayuda humanitaria;
13. es la muralla visible que se expone a toda clase de ataques por no caminar con la corriente de vida que muchos proponen.

Por todas las consideraciones anteriores, es imprescindible salir de una congregación con gracia, habiendo dejado un legado positivo y con una transición dialogada.

NOTA FINAL

Pablo conocía la experiencia de la deserción de creyentes que estuvieron junto a él en el ministerio. El Nuevo Testamento nos recuerda que el abandono de responsabilidades es un problema que se ha dado desde los inicios de la Iglesia del Señor. En 2 Timoteo 4:10, dice: «*Demas por amor a este mundo me ha abandonado*». Y, en el versículo 16, dice: «*En mi primera defensa, ninguno estuvo conmigo, sino que todos me dejaron*» Muchas de las personas que estuvieron día tras día con Jesús, desertaron. En el libro de San Juan, capítulo 6, versículo 66, leemos: «*Desde entonces, muchos de sus discípulos volvieron atrás, y ya no andaban con Él*». No «unos cuantos», sino «muchos». La Biblia no menciona que Jesús haya llorado por esta situación, pero tiene que haber tenido un efecto sobre su ánimo.

El **deambulante de iglesias** a menudo va detrás de lo novedoso o sobrenatural. Donde olfatee algo espectacular y dramático, ahí quiere estar. «*Y una gran multitud seguía a Jesús, pues veían las señales (milagros) que realizaba en los enfermos*» (Juan 6:2). De hecho, Jesús dijo en Juan 4:48 que «*a menos de que vean señales y milagros, no creerán*». Siempre existe este tipo de personas que quieren un milagro o algún tipo de manifestación extraordinaria, esos que quieren oír de una curación milagrosa, ver alguna intervención divina. Son buscadores de emociones, a la caza de señales espectaculares y manifestaciones asombrosas.

La historia de Miguelina guarda parecido con lo que acabamos de describir. Miguelina se movió a otra iglesia, por cierto, muy cerca de a la que por años asistió. En esa congregación, que recién comenzaba, solían invitar a un predicador que, en medio del mensaje, se quitaba el saco (gabán) y lo arrojaba sobre alguno de los presentes. A eso le llamaban «traspaso del manto profético». Junto a esta manifestación, se daba una «palabra profética». La base bíblica para sustentar este tipo de acción provenía del Antiguo Testamento, cuando el profeta Elías fue trasladado al cielo y el manto que poseía cayó a la tierra, tomándolo Eliseo. Por un tiempo, esa práctica estuvo vigente en aquella congregación, pero sin frutos permanentes que demostraran que la unción de Dios fluía allí. El resultado final fue que la mayoría de las personas que se movieron a esa iglesia muy impresionadas por el manto profético, ya no están. Hay gente que acude a la iglesia entusiasmada por lo que ven, por lo que, de primera intención, les parece sobrenatural. Lamentablemente, lo que buscan es lo que encuentran: espectáculos y emociones.

El **deambulante de iglesias** busca llenar sus propios gustos. Al moverse a otra congregación, aunque diga otra cosa, su pensamiento está centrado en sí mismo. La Biblia llama a esto tener mente carnal. En 1 Corintios 3:1, dice: «*De manera que yo, hermanos, no pude hablaros como a espirituales, sino como a carnales, como niños en Cristo*». Cuando Pablo habla de una persona caracterizada y dominada por la carne, habla de uno que puede y debería hacer las cosas diferentes, pero no las hace. Su objetivo es satisfacerse a sí mismo. No va a la iglesia a rendirse al Mesías, sino a satisfacerse a sí mismo y sus emociones. No experimenta la adoración verdadera. En el entusiasmo carnal, el compromiso y la verdadera adoración están ausentes.

Una mujer escribió la siguiente nota a su pastor: «He estado visitando su iglesia por un tiempo, pero me muevo a otra congregación porque aquí no saben cómo adorar a Dios». La explicación, bien podría ser que en esa iglesia no había tenido experiencias emocionales de las que ella dependía. La gente, a menudo, confunde emoción con adoración. No tiene nada de malo sentirse bien, pero no hay que confundir las cosas, pues no son lo mismo. La **adoración** va dirigida a Dios, es nuestra manera de acercarnos a Él. Para los que buscan emociones, nunca hay suficientes señales, maravillas o milagros. Siempre irán por más. Y, por cuanto eso es lo que buscan, eso reciben. Son alimentados por la promesa de más milagros, señales y maravillas. Cuando la emoción pasa, el deambulante busca otra iglesia que ofrezca algo nuevo que le satisfaga. Pero un árbol que constantemente es trasplantado no produce frutos.

¿Cuántas veces vemos gente que no llegan a desarrollar raíces profundas? Estas personas tienen por hábito el cuestionar todo lo que hace o no hace la iglesia donde se congregan y piensan que es allí donde está la falla, por lo que, impulsivamente, toman la decisión de irse. Estos individuos son «*fuentes sin agua, niebla empujada por la tormenta, para quienes está reservada la más densa oscuridad*» (2 Pedro 2:17). «*Todo árbol que no da buen fruto es cortado y echado en el fuego. Así que, por sus frutos los conoceréis*» (Mateo 7:19-20). La parábola de la higuera sin fruto, también llamada «parábola de la higuera estéril» se encuentra, únicamente, en el Evangelio de Lucas (13:6-9). El evangelista, que pone esta enseñanza en labios de Jesús de Nazaret, ubica la parábola en un pasaje que, en realidad, es un llamado a la conversión y al arrepentimiento.

En la historia de Ahiqar, atestiguada por primera vez en arameo (ya conocida en el siglo V antes de Cristo), se lee: «Hijo mío, tú eres como un árbol que no daba frutos, aunque estaba junto al agua, y su amo se vio obligado a cortar. Y él le dijo: "Trasplántame, y, si entonces tampoco doy fruto, córtame". Pero su amo le dijo: "Cuando estabas junto al agua no diste fruto, ¿cómo vas a dar fruto cuando estés en otro lugar?"». Se comenta que Jesús utiliza esta narración popular que circulaba en diferentes versiones, pero le da otro enfoque: la petición no es rechazada, sino concedida; del anuncio de una sentencia de muerte se hace una llamada a la corrección. La gracia y la misericordia de Dios llega, incluso, a suspender la decisión de castigo ya tomada.

En el Nuevo Testamento, Jesús narra una parábola con un mensaje parecido: «*Un hombre había plantado una higuera en su viña, pero cuando fue a buscar higos en ella, no encontró ninguno. Entonces, dijo al que cuidaba la viña: "Ya hace tres años que vengo en busca de higos a esta higuera y nunca los encuentro. Así que córtala, para que no ocupe terreno inútilmente". Pero el viñador le contestó: "Señor, déjala un año más. Cavaré la tierra alrededor de ella y le echaré abono. Puede ser que después dé fruto; y si no lo da, entonces la cortas*» (Lucas 13:1-9).

El llamado de Dios a los **deambulantes de iglesias** tiene como fin la corrección de su modo de vida. Es un llamado a la conversión, al arrepentimiento, al compromiso y a la seriedad que conlleva la vida cristiana, a dar frutos dignos de arrepentimiento. El llamado de la Iglesia a los que deambulan entre congregaciones es a un compromiso de estabilidad para que puedan dar frutos. Los que estamos firmes y comprometidos debemos ser intercesores ante Dios por ellos, para que su vida resulte en frutos abundantes como de «árboles plantados junto a corrientes de agua». Puede parecer una meta imposible, pero, con paciencia, debemos persistir en cavar y abonar la tierra, con la esperanza de que ocurra el milagro. La tierra fertilizada con amor, comprensión y justicia dará el fruto esperado. En tanto que eso ocurre, digamos al dueño de la viña: «*Señor, déjala un año más. Cavaré la tierra alrededor* *de ella y le echaré abono. Puede ser que después dé fruto; y si no lo da, entonces la cortas»* (Lucas 13:1-9).

«El Señor no tarda en cumplir su promesa, según entienden algunos la tardanza. Más bien, Él tiene paciencia con ustedes, porque no quiere que nadie perezca, sino que todos se arrepientan».

(2 Pedro 3:9)

SOBRE EL AUTOR

Eliud Jurado Roque ha pastoreado iglesias por 50 años consecutivos. Partiendo de su experiencia pastoral, aborda en este libro la inquietante tendencia de los creyentes de hoy a desplazarse —sin razones de peso— de una congregación a otra. El autor es graduado de la Universidad de Puerto Rico y posee una maestría en Consejería de Familia de la Universidad de Phoenix. Casado por 47 años con Nilsa, es padre de cuatro hijos y abuelo de cinco bellos nietos.

BIBLIOGRAFÍA

- Alcalá Brazón, César (2011). Sentido de Pertenencia.
- Arterburn, Stephen y Felton, Jack (2001). *Toxic Faith*.
- Blanco Julio, Miguel Esteban (2011). Cultivando el sentido de pertenencia.
- Boise, James (2021). Era el mismo en privado como en público.
- Barriger, R. (2019). El ejército que abandona sus heridos.
- Burge, Ryan (2019). Dejando el cristianismo.
- Castillo Rincón, Amauri (2008). Sentido De Pertenencia.
- Charles Jr., H. B. (2014). Cuando es momento de dejar una iglesia.
- Darwin, Charles (1872). *The expression of the emotions in man and animals*.
- De Paravicino, Hortensio (1624). De todo hay en la viña del Señor.
- Dupont, Marc (2004). *Toxic Churches: Restoration from Spiritual Abuse*.
- Eco, Humberto (2016). Cuando los hombres dejan de creer en Dios.
- Fitzhugh, M. (1990). El fundamento de una casa.
- Gaebelein, F. y Polcyn, D. (1992). *The Expositor's Bible Commentary*.
- Johnson, D. y Van Vonderen, J. (2010). El Sutil Poder Del Abuso Espiritual.
- Kasemann, Ernst (2021). Complejidad y paradoja: Ciudad Redonda.
- Lamberte, Steven (2008). *The Sings of Spiritual abuse*.
- Lasch, C. (1999). La cultura del narcisismo.

- Liardon, R. (2005). Los Generales de Dios.
- Lozano, Cruz M. (2000). Los deambulantes en Puerto Rico.
- Lucado, Mac (2015). Un Dios, un plan, una vida.
- MacArthur, John (2022). ¿Cuándo debe un cristiano dejar una iglesia?
- Maslow, Abraham (2020). Necesidades Sociales o afiliación.
- Orrego, Juan Luis (2009). La crisis religiosa del siglo XVI.
- Packard, Josh (2015). ¿Por qué las personas abandonan la iglesia?
- Parra, L. (2011). La integridad de un cristiano.
- Pinedo, Moisés (1998). Razones por las cuales las personas abandonan la iglesia.
- Porras, Sixto y Parsons, Rob (2008). Traigamos a los pródigos de regreso al hogar.
- Pumarejo, Alexandra (2013). La mentalidad de manada.
- Spuergeon, Charles (1860). *No one is so miserable as the poor person who maintains the appearance of wealth.*
- Thom Schultz, Joani (2013). *Why Nobody Wants to Go to Church.*
- Van Vonderen, Jeff (2010). La autoestima reencontrada.
- Valparaíso, C. (2013). Crisis del cristianismo: ¿triunfo del ateísmo?
- Zivi, Pascak y Poujol, Jacques (2011). Los abusos espirituales.
- Zukeran, Pat (1993). Iglesias Abusadoras.

DEAMBULANTES DE IGLESIAS

DEAMBULANTES DE IGLESIAS